1秒で伝えるわざ

さとり

はじめに

　スマホを眺めていると、SNSの投稿や広告が次々と流れてきます。あなたは、広告をどれくらい見ますか？　多くの人は、すぐにスキップするのではないでしょうか。この世界には情報があふれ、消費者が考える時間は徐々に短くなっています。

　とある研究結果では、人間の集中力は10秒ももたないそうです。だからこそ、売り手が消費者に効率よく訴求するためには、いかに短い時間で強いメッセージを伝えられるかがとても大切なのです。とはいえ、シンプルでありながらも心をつかむメッセージを作るのは容易ではありません。そこで登場するのが「さとり構文」です。

　さとり構文とは、わずか数文字、数語でターゲットの心を動かし、行動を促す魔法のような言葉の技術です。

「1秒で伝える」

　さとり構文は、たった1秒で相手の心をつかむことができます。短いながらも深い意味を持ち、読者に瞬時に訴えかける力があるのです。この強力な構文をうまく活用する

には、いくつかのポイントを理解し、的確に使いこなさなければいけません。

　本書にはさとり構文を学びたいすべての人、特にマーケティング担当者やSNSでの影響力を高めたいクリエイター、そして物事を一瞬で伝える力を身につけたい人々に向けてお伝えしたいことがぎっしりつめ込まれています。あなたのメッセージが世界に響き渡るよう、お手伝いをします。

「さとり構文」の奥深さを解き明かし、どのようにして「万バズ」を生み出すのか。具体的な成功事例を通じて、さとり構文がどのように活用され、どんな成果をもたらしているかをご紹介します。テクニックをしっかり学んで実践してみてください。

読者様へのスペシャルプレゼント公開中！

「さとり構文」を深掘りできる、多彩な限定動画をプレゼント！
ぜひ本書とあわせてご覧ください！

・さとり構文動画講座
・さとりの書の切り抜き動画

コチラから
アクセス▶

目次

はじめに 2

第1章 さとり構文とは　7

さとり構文の定義 8

さとり構文の目的と効果 20

さとり構文が生まれた背景 26

さとり構文とSNSの関係 28

さとり構文の成功事例 30

第2章 さとり構文の基本構造　37

さとり構文のメリット 38

さとり構文とは結局なんなのか 39

さとり構文の基本構造 40

投稿の広がりかたのイメージ 43

コールドリーディングとは 47

第3章 さとり構文の効果を引き出す要素　55

さとり構文の分解 56

さとり構文の目的 58

さとり構文の重要ポイント 64

第4章 さとり構文A〜Eの使い分けかた 67

さとり構文一覧 68

さとり構文Aの作りかた 69

さとり構文Bの作りかた 73

さとり構文Cの作りかた 82

さとり構文Dの作りかた 84

さとり構文Eの作りかた 86

その他のさとり構文 88

実際のさとり構文投稿の詳細解説 91

第5章 さとりファネルの構築【応用編】 99

さとりファネルからYouTubeやLINEへの誘導方法 100

さとり構文とファネルの連携 105

さとりファネルを活用するメリット 107

さとり構文とファネルの連携の重要性 108

さとりファネルで直接商品を販売する 109

第6章 実践編：さとり構文ステップガイド 115

ステップ0：アカウントを作ろう 116

ステップ1：毎日さとり構文を投稿してみよう 117

ステップ2：何かを売ってみよう 119

ステップ3：さとりファネルを構築してみよう 120

第7章 さとり構文をNBDモデルで解析　121

「さとり構文」をGeminiで解析 122

なぜ「さとり構文」はバズるのか? 123

「さとり構文」の効果的な活用方法 125

「さとり構文」は強力なマーケティングツール 126

第8章 さとり構文の未来と展望　127

さとり構文はマーケティングに不可欠 128

SNSの変化とさとり構文 129

さとり構文が直面する課題とその解決策 131

さとり構文とSNSプラットフォームの適応 131

SNSの未来とさとり構文の可能性 133

第9章 さとり構文を生み出す思考の裏側　135

140文字の裏側にある巨大な思考 136

さとり哲学の基本概念 140

センスの良さの正体とは? 142

おまけ　145

他の人のさとり構文 146

さとり構文は、Xのプロたちも絶賛 156

私がさとり構文を使う本当の理由 162

さとりメソッド 167

おわりに 181

第1章 さとり構文とは

さとり構文の定義

　さとり構文とは、短いテキストで読者の関心を引きつけ、共感を呼び起こし、結果的に多くの人々に拡散されることを目的としたもので、SNSにおけるマーケティングやプロモーション活動において非常に効果的です。その魅力は、シンプルさと効果の高さ。わずか140文字で多くの人の心をつかみ、行動を促します。

　さとり構文の定義として最も重要なのは「明確なターゲット層に向けて、彼らが直面している問題やニーズに対して具体的な解決策やベネフィットを提示する」と同時に、「ターゲット層以外の読者も引き込む工夫が施されている」ということです。さとり構文は非常に広範囲の読者層にアプローチできるように設計されています。

　ポイントは、その自然な流れと簡潔さにあります。ターゲットに向けたベネフィットの提示がスムーズで、読み手がすぐに行動を起こしたくなるような誘導が施されており、SNS上でまたたく間に拡散し、多くのインプレッションを生み出すことができるのです。

第1章
さとり構文とは

X（旧Twitter）で「バズらせる必要はない」「売れれば良い」といった内容を見かけることがありますが、そんなことはありません。バズらせて売れれば、それに越したことはないでしょう。世の中にはマスマーケティングのスキルを持っている人がほとんどおらず「バズらせながら売る」ことを実現できていないだけなのです。

私は、マスマーケティングを熟知していたため、バズらせながら、売上も、再生数も、フォロワー数も、何もかも自由自在に増やせるさとり構文を編み出しました。

さとり構文は、わずか140文字で多くの人を動かすSNSマーケティングにおける革命です。

これからお伝えすることは、すべて1ヶ月のあいだに起きたことです。さとり構文がたった1ヶ月でどのような効果をもたらすか見てください。

使い始めて1ヶ月のアナリティクス

こちらは、使い始めて1ヶ月のアナリティクス画像です。平均すると毎日100万弱のインプレッションが出ていることになりますね。そして1日平均260人以上もフォロワーが増えています。

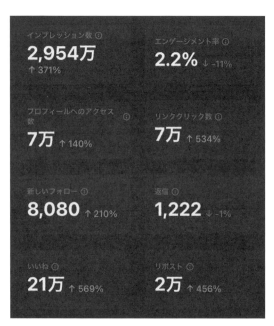
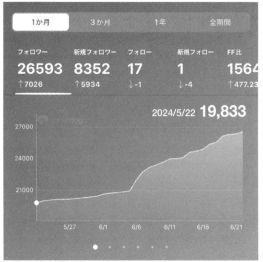

第1章
さとり構文とは

3ヶ月経過後も順調！

その後3ヶ月経過しましたが、月1万人ペースでフォロワーが増加。インプレッションも累計1億弱となっています。

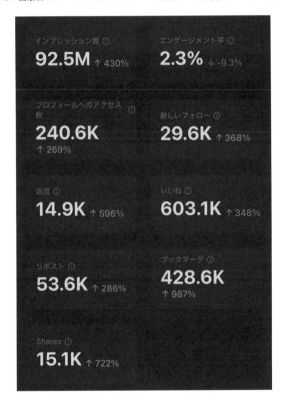

Threadsでもわずか10日でフォロワー1000を達成！

さとり構文の再現性を確かめるために「Threads」でも試したところ、10日で1000フォロワーまで増加。Threadsの人口はXの5分の1くらいなので、Xに換算すると5000フォロワーにあたります。

第 1 章
さとり構文とは

純粋にバズらせた事例

　純粋にバズらせるだけでもフォロワーが爆増したり、有名な人にフォローしてもらえたりと大きなメリットがあります。当然、フォロワーが増えれば、それに比例して拡散力も大きくなり、以降の投稿が多少バズりやすくなります。

さとり
@satori_sz9

ADHDやASDの人は全員これやった方が良い。ChatGPTに「この考えを中庸思想からアドバイスして」と自分の考えを書いた後に指示を出す。そうすると中庸でバランスの取れた回答をくれるため認知の歪みが改善される。一般人も定期的にこれをやることで認知バイアスを減らして老害化に歯止めがかかる。

最終更新 0:12・2024/07/21　**256万回表示**

アナリティクスを表示

4386件のリポスト　**214**件の引用

3.7万件のいいね　**2.1万**件のブックマーク

さとり
@satori_sz9

頭の中が整理されている人は全員Eraserを使った方が良い。Eraserを使ってフローチャートを簡単に作れるようになると生産性が10倍になる。頭の中が整理されていないADHDタイプの人はEraserを使うことで頭が一気に整理されて作業漏れや見落としが減って社内での評価が10倍良くなる。

12:27・2024/06/05 場所: Earth・**254万回表示**

アナリティクスを表示

1561件のリポスト　**64**件の引用

1.5万件のいいね　**2万**件のブックマーク

第 1 章
さとり構文とは

　同じ内容で、ツール名だけ変えてバズるかどうかを試したところ、しっかりとバズりました。しかし、少しバズりかたが弱いですね……。2～3ヶ月くらい期間をあけてリトライしたら同じくらいのバズを起こせそうです。

アパレルに携わっている人は全員IDM-VTONを使った方が良い。IDM-VTONでモデル撮影が不要になると毎月100万円単位で得する。アパレルやってなくても触っておくだけで話のネタになるので10倍モテる。ディープフェイク技術と組み合わせるとAIモデルも作れるのでSNS攻略もバッチリ。

23:08 · 2024/06/05 場所: Earth · 204万回表示

ılı アナリティクスを表示

364件のリポスト　65件の引用

4148件のいいね　5454件のブックマーク

仕事ができる人は全員Notebook LM使った方が良い。雑にファイルを突っ込むだけで資料の内容について回答してくれるRAGチャットボットが完成する。仕事ができない人もNotebook LMを使うことで作業効率が10倍になりシゴデキになる。今なら社内のヒーローになれること間違いなし。

11:40 · 2024/06/07 場所: Earth · 36万回表示

ılı アナリティクスを表示

215件のリポスト　26件の引用

2378件のいいね　2598件のブックマーク

第 1 章
さとり構文とは

 さとり
@satori_sz9

文章得意な人は全員Claude使った方が良い。「所詮AIでしょ」と思いきや小説からプレゼン資料まで人の心に刺さる文章を量産できる。逆に文章が苦手な人はClaudeを使うことでプロライター顔負けの執筆力が手に入るので文字だけで10倍頭がよく見られる。そして10倍モテる。

18:31 · 2024/06/09 場所: Earth · **48万**回表示

アナリティクスを表示

635件のリポスト **15**件の引用

6565件のいいね **4564**件のブックマーク

さとり
@satori_sz9

超深い思考ができる人は全員Gemini使った方が良い。そういう人と相性がめちゃくちゃ良い。逆にあまり深く考えられない人はGeminiをうまく使いこなせばめちゃくちゃ深いところまで勝手に考えてくれるから10倍くらい頭良くなる。

2:08 · 2024/05/19 場所: Earth · **50万**回表示

アナリティクスを表示

454件のリポスト **12**件の引用

4161件のいいね **3523**件のブックマーク

> さとり ✓
> @satori_sz9
>
> AIを使いこなしたい人はChatGPTを使わない方が良い。大体のことはGeminiの方が賢いし、リサーチならPerplexityのほうが正確。GPTは画像認識や文字起こし、音声入力して資料の土台を作るとかそういうことに向いてる。脳死でGPTを使うのをやめて適材適所のAI運用を心がけるだけで生産性が5倍上がる。
>
> 20:09・2024/06/16・場所: Earth・**74万**回表示
>
> ⅠⅡ アナリティクスを表示
>
> **930**件のリポスト **38**件の引用
> **1万**件のいいね **6264**件のブックマーク

　テキスト140文字だけでこの成果！　画像や動画を使っても良いですが、私の経験上、それほど変わりありませんでした。テキストのみでこれだけの効果を出せるので、スキマ時間で投稿してバズらせることができる。ものすごく省エネですよね。

第1章
さとり構文とは

さとり構文は資産にもなる！

　さとり構文は「資産」にもなります。私は１ヶ月前にバズった投稿を再利用して、また万バズを達成しました。投稿をゼロから考えるのは大変ですが、過去の投稿を再利用できればＸの運用が２倍以上楽になります。

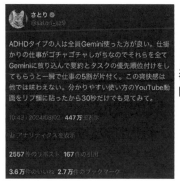
１ヶ月後▶
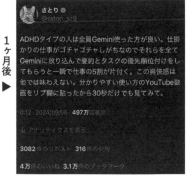

　この手法は、マーケティング、特にSNSマーケティングにおいて非常に効果的です。商品やサービスを宣伝する際、さとり構文を利用することで、ターゲット層に的確にリーチし、さらには広範囲にわたる認知拡大を狙うことができます。また、簡潔かつ強力なメッセージを伝えられるため、マーケティング初心者からプロフェッショナルまで、幅広い層に支持されるでしょう。

さとり構文の目的と効果

　さとり構文の目的は、限られた文字数の中でターゲットの関心を引きつけ、共感を生み、最終的に"行動"を促すことにあります。この行動とは、投稿のシェアやリポスト(旧リツイート)、商品やサービスの購入、あるいは特定のウェブサイトや動画へのアクセスなど、マーケティングの目的に応じてさまざまです。SNSの世界では、情報が瞬時に広がり、無数の投稿が流れます。その中でいかにして注目を集めるかが成功の鍵。さとり構文は、この課題を解決するための強力なツールです。

　さとり構文の効果は、
①高い拡散力
②大幅なエンゲージメントの向上
③購買意欲の促進
にあります。

❶ 高い拡散力

　さとり構文の特徴は、短さです。簡潔で読者に負担をかけることなく瞬時に理解されるため、SNSユーザーがスムーズに情報を消費できるところ。ターゲット層の心理に刺さるメッセージを届けることで、共感を生み出しやすくなります。これにより、投稿が短時間で広範囲にわたって

拡散される可能性が高まるのです。

❷ 大幅なエンゲージメントの向上

　SNSにおけるエンゲージメントとは、いいね、コメント、リポストなど、ユーザーが投稿に対して何らかのアクションを取ることを指します。さとり構文は、ユーザーが「共感した」「役に立った」「他の人にも伝えたい」と感じるようなコンテンツを提供するため、エンゲージメント率が自然と高くなるのです。この高いエンゲージメント率は、アルゴリズムによる優先表示を促進し、さらに多くのユーザーに投稿が届く仕組みを作り上げます。

❸ 購買意欲の促進

　さとり構文は、マーケティングにおいて非常に柔軟で用途の多い手法です。YouTubeの動画再生数の向上や、オンラインショップの売上増加などが期待できます。製品のプロモーションやサービスの宣伝に使用すれば、その魅力を効果的に伝えるだけでなく、潜在顧客の購買意欲を引き出す効果をもたらします。従来のマーケティング手法では達成しづらかった成果を短期間で得ることが可能です。

YouTubeの再生数・登録者数を増やせる！

さとり構文を活用したさとりファネルで、YouTubeを伸ばすことも可能です。実例がありますので、ご覧ください。

YouTubeへの誘導

Xでの投稿に自分の商品や他のSNS（例：YouTube）のリンクを挿入することで、YouTubeのチャンネル登録者数や再生数を増やす。

第1章
さとり構文とは

　この投稿で、再生数は＋2万回、チャンネル登録者は＋1400人になりました。

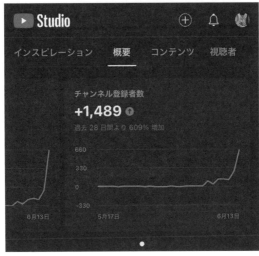

こちらはそれほどバズらなかったものの、＋2000再生ほどになりました。

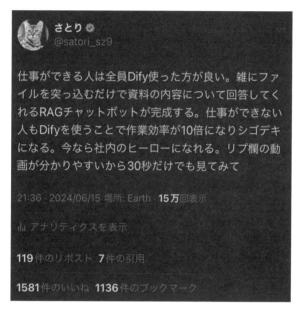

その後もYouTubeは伸び続け、3ヶ月後には次のような結果になりました。

第1章 さとり構文とは

　さとり構文の目的と効果を理解すれば、SNSマーケティングにおける強力なツールとして、最大限に活用できるようになります。さとり構文を実際にどのように構築し、運用していくかについてさらに詳しく知ることで、その応用力をさらに高めることができるでしょう。

さとり構文が生まれた背景

　さとり構文が生まれた背景には、現代のSNS環境と、それに伴うマーケティング手法の進化が深く関係しています。インターネットの普及とともに、SNSは情報収集や意見交換の場として活用されるようになりました。XやInstagram、YouTubeなどのプラットフォームは、それぞれ独自の文化とユーザー層を持ちながらも「瞬時に情報が広がり、多くの人々に届く」という共通の特性を持っています。これは、個人や企業にとっては大きなチャンスである一方、競争が非常に激しい場でもあります。

　そのような競争の中では、限られた文字数と視覚的要素でいかにユーザーの関心を引くかが重要な課題となりました。特にXは、140文字という制約の中でユーザーに強い印象を与え、かつ行動を促す能力が求められます。このニーズに対応するため登場したのが、さとり構文です。

　また、従来のマーケティング手法の限界に対する反動もありました。従来のマスマーケティングは、広告を大量に投下し、多くの人々にリーチすることが主な目的。しかし、そのアプローチは必ずしも効果的とは言えず、特に入れ替わりの激しいSNSにおいては、ユーザーの関心を引きつけることができなければ、情報はすぐに埋もれてしまいます。

第1章
さとり構文とは

　さらに従来の手法では、ターゲット層の潜在的なニーズを掘り起こすことが難しく、結果的にマーケティングの効率が低下していました。このような課題を解決するために、より効率的で効果的なコミュニケーション方法が求められるようになりました。そして限られた時間とスペースを最大限に活用する手法として短いテキストでターゲットの心に直接訴えかける「さとり構文」が開発されたのです。

　SNSのアルゴリズムやユーザーの行動パターンを深く理解した上で作られているため、自然と拡散されやすく、多くの人々に届きやすい構造はSNS時代において非常に効果的でした。こうしてさとり構文は、現代のSNSマーケティングの文脈において生まれ、進化してきたのです。

　背景を理解すれば、この手法がどのようなニーズに応え、どのようにして効果を発揮するのかがより明確になりますよね。この構文を実際にどのように構築し、具体的なマーケティング活動に活用していくかを考える基盤となるでしょう。

さとり構文とSNSの関係

　さとり構文とSNSは、切っても切れない関係にあります。SNSは、その即時性と拡散力により、個人や企業が大勢の人々に瞬時にアプローチできるプラットフォームとして進化してきました。一方で、情報量が膨大であるため、ユーザーの注意を引くことが非常に難しいという課題もあります。さとり構文は、このSNS特有の課題に対処するために特別に設計された手法であり、SNSの特性を最大限に活かすことが可能です。

　SNSで成功するためには、いかにターゲットとなるユーザーの目に留まり、彼らの関心を引き、行動を促すかがポイントとなります。Xのユーザーは短時間で大量の情報を処理するため、投稿の最初の数文字・数秒で彼らの注意を引かなければなりません。ここで、ターゲットの心理に深く訴えかけるメッセージを短いテキストの中に凝縮し、ユーザーが思わず続きを読みたくなるような「さとり構文」の力が発揮されます。

SNSのアルゴリズムとの適合

　さとり構文はSNSのアルゴリズムにも適合しています。SNSプラットフォームは、エンゲージメントの高い投稿を優先的に表示する傾向があり、ターゲット層に共感を与え

第1章
さとり構文とは

る内容を含んでいるこの構文は、いいね、リポスト、コメントなどのエンゲージメントを誘発しやすいのです。この高いエンゲージメントがアルゴリズムによってさらに拡散され、結果的に投稿がより多くのユーザーにリーチする。必然とバズが生まれやすくなり、短期間で大規模な拡散が可能となるのです。

コミュニティの強化

　SNSは特定のコミュニティやフォロワーとのつながりを構築する役割を持ちますが、さとり構文は、このつながりを強化するためにも非常に効果的です。フォロワーのニーズや関心に直接応える形でメッセージを発信することで、フォロワーとの絆を強め、信頼関係を築くことができます。そうすることでフォロワーは投稿者に対して高い忠誠心を持ち、さらなるエンゲージメントを生む基盤が作られるのです。

　このように、さとり構文はSNSに適した形で設計されています。上手く使いこなせば、あふれる情報の中で際立った存在となり、多くの人々にリーチし、影響力を持つことが可能になるのです。SNSで成功を目指すならば、さとり構文の活用は不可欠なものとなるでしょう。

さとり構文の成功事例

さとり構文がどのように効果をもたらすのか、実際の成功事例を交えて紹介します。

まず、典型的な成功事例として挙げられるのが、Xでのいいね数の増加です。あるSNSマーケティングの専門家が、さとり構文を活用していいね数が劇的に増加。彼は、ターゲット層の関心を的確に捉えたさとり構文を毎日投稿し、その内容が次々とバズリを生み出しました。結果的に、1投稿で6000いいねを獲得することに成功しました。

第1章
さとり構文とは

みやび@生成AIで7桁稼ぐ普通の狐 ✓ @...・1日
勝手ながらさとりさん @satori_sz9 の構文真似させていただきました。AI発信者の中でも専門知識があり、特にディープフェイクがとても参考になる方。もちろんフォロー必須です。

> **みやび@生成AIで7桁稼ぐ普通の狐** ✓ ・2日
> SNS運用やってる人は脳死でclaude使ったほうがいいです。日本語としての自然さから、何から何までトップ走ってます。GPTでハルシネーション抑える+claude組み合わせならより最強。逆にSNSやってない人はclaudeを普段使いす...
>
> 💬 2　🔁 1　♥ 6　📊 4460

さとり ✓
@satori_sz9

ありがとうございます😊
お礼に添削しました！

> **さとり** ✓ @satori_sz9・1日
> 文章得意な人は全員Claude使った方が良い。「所詮AIでしょ」と思いきや小説からプレゼン資料まで人の心に刺さる文章を量産できる。逆に文章が苦手な人はClaudeを使うことでプロライター顔負けの執筆力が手に入るので文字だけで10倍頭がよく見られる。そして10倍モテる。

 さとり ✓
@satori_sz9

文章得意な人は全員Claude使った方が良い。「所詮AIでしょ」と思いきや小説からプレゼン資料まで人の心に刺さる文章を量産できる。逆に文章が苦手な人はClaudeを使うことでプロライター顔負けの執筆力が手に入るので文字だけで10倍頭がよく見られる。そして10倍モテる。

18:31 · 2024/06/09 場所: Earth · **48万**回表示

📊 アナリティクスを表示

635件のリポスト　**15**件の引用

6565件のいいね　**4564**件のブックマーク

 みやび@生成AIで7桁... ✓ 　フォローバックする
@miyabix317

凄まじいバズり方...やはりプロですね。

 さとり ✓ @satori_sz9 · 1日
文章得意な人は全員Claude使った方が良い。「所詮AIでしょ」と思いきや小説からプレゼン資料まで人の心に刺さる文章を量産できる。逆に文章が苦手な人はClaudeを使うことでプロライター顔負けの執筆力が手に入るので文字だけで10倍頭がよく見られる。そして10倍モテる。

12:06 · 2024/06/10 場所: Earth · **1748**回表示

第1章
さとり構文とは

　この事例の成功のポイントは、さとり構文が持つ強力なエンゲージメント効果です。投稿内容がターゲット層に刺さることで、リポストやいいね数が急増し、その結果、アルゴリズムによってさらに多くのユーザーに投稿が表示されるという、いわゆる「バズの連鎖」が生まれました。この連鎖が、フォロワーの爆発的な増加につながったのです。

　次に、さとり構文を使って商品を販売することに成功した事例です。ある商品プロモーションでは、さとり構文を使った1つのポスト（旧ツイート）が、30万円以上の売上を上げました。この投稿は、ターゲット層の潜在ニーズに直接訴えかける内容であり、その短い文章の中に商品の魅力とそのベネフィットが巧妙に盛り込まれていました。この結果、投稿を見た多くのフォロワーが興味を持ち、商品を購入するに至ったのです。

さとり ✓
@satori_sz9

顔に自信がないけどインフルエンサーになりたい人は全員FaceFusionを使った方が良い。ボタンひとつで理想の美女やイケメンになれる。インフルエンサーに興味なくてもディープフェイクをマスターすれば仕事の幅が10倍広がる。リプ欄にディープフェイクを使った稼ぎ方があるので10秒だけでも見てみて。

0:01

21:52・2024/06/19 場所: Earth・**8.5万**回表示

アナリティクスを表示

45件のリポスト **2**件の引用

640件のいいね **612**件のブックマーク

第1章
さとり構文とは

１投稿で30万円稼げるのであれば充分でしょう。ただ、その分それほどバズることはありませんでした。

💡 Tips

さとり 様

あなたの記事「**売れるディープフェイク 〜myfansで初月200万円を達成した方法〜**」が購入されました。

購入情報

購入日時	2024年06月20日 18:03
記事名	売れるディープフェイク 〜myfansで初月200万円を達成した方法〜
購入者名	kenthim
商品金額	定価　　　　　　　　　　　　　　　100,000 円
支払方法	クレジット決済

追加でもう１投稿おこなったのですが、そちらは20万円の売上が発生しました。２投稿で累計50万円。大きな効果があることが分かります。

💡 Tips

さとり 様

あなたの記事「**売れるディープフェイク 〜myfansで初月200万円を達成した方法〜**」が購入されました。

購入情報

購入日時	2024年06月21日 18:22
記事名	売れるディープフェイク 〜myfansで初月200万円を達成した方法〜
購入者名	kouhei
商品金額	定価　　　　　　　　　　　　　　　100,000 円
支払方法	クレジット決済

これらの事例から分かるように、さとり構文はSNSマーケティングにおいて非常に強力なツールです。上手に活用すれば劇的な成果を上げることができるでしょう。

　成功事例を研究・分析することで、自分自身のマーケティング活動にも応用することが可能です。

第2章
さとり構文の基本構造

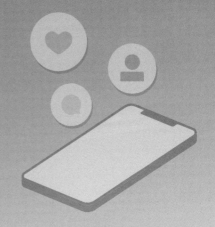

さとり構文のメリット

さとり構文のメリットについては以下の通りです。

❶ 集客・教育・販売が140文字で完結する

これが究極のメリット。潜在層の集客・教育・販売をわずか140文字で完結させることができるマーケティング革命そのものと言えるような代物です。さとりファネルを使ってYouTube動画にアクセスを流せばファン化まで完了。さらにYouTubeにLINE動線を置いておけば、ファン化された状態でリストを取れるので、この上なく美しいファネルが完成します。

❷ PDCAが回しやすい

究極のメリットその2。140文字、それもテンプレの中に原因が凝縮されているので、バズらなかったときに原因が明白。改善するべきポイントがとても分かりやすい。そのためPDCAが回しやすい。

❸ テキスト140文字で良いためとても楽

当たり前なのですが、140文字で良いので考えるのも楽だし、いつでも投稿できるのでそれも楽。とにかく楽。タイパとコスパが良すぎます。私がさとり構文を考えるために割いている時間、1日のうち10～15分くらいです。それでこれだけバズり散らかしているんだからウキウキするのも当然ですよね。

基本的にデメリットはありません。強いて言えば「さとり構文」という確立されたメソッドを使うことで、プライドが傷つくことでしょうか。そんな陳腐なプライドは捨ててしまいましょう。

第2章
さとり構文の基本構造

さとり構文とは結局なんなのか

まだ「さとり構文って結局なに……？」と思われている
方もいらっしゃるでしょう。そのような方のために、ここ
から更に簡潔に分かりやすくお伝えします。

たとえば、ボクシングの構えやステップワークなど、格
闘技には基本の動きがありますよね。将棋にも穴熊や棒銀、
矢倉など、それをマスターすることで、最短距離で効率的
にプロになることができる仕組みがあります。さとり構文
とは「格闘技における型」や「将棋における定石」のよう
なものです。

✓ さとり構文について学ぶことでマーケティングを極められる

あるいは、攻略本。「どのようにゲームを攻略すればよ
いか」を140文字に凝縮したものです。

✓ さとり構文はゲームの攻略本のようなもの

ぜひさとり構文とさとりファネルをマスターして、私の
ように自由自在にバズらせたり売上を作ったりできるよう
になりましょう。

39

さとり構文の基本構造

　ここでは、さとり構文の基本構造について解説します。後ほどさとり構文を学習するための実践形式のステップバイステップガイドも用意していますので、まずは基本原理などを覚えていきましょう。

　読み進めていく中で理解しづらいことがあれば、ChatGPTに質問してみると分かりやすく教えてくれます。

1	対象者の分類	前半	超深い思考ができる人にはGeminiが最適。	
		後半	深い思考が苦手な人でもGeminiを使えば、深く考えられるようになる。	
2	ベネフィットの提示		対象者に対する具体的な利益を示し、彼らにとってのメリットを明確にする。	
3	二元論的な構造		前半の属性と後半の属性を持つ人を分けて考え、それぞれに対応するベネフィットを提示する。	

第 2 章
さとり構文の基本構造

❶ 対象者の分類

ターゲットを広めに取って、フォロワーのみならずターゲット層に広める。そのためにできる限り**最初の一文目で広いターゲティング**をおこなう。

そうすることで自然とフォロワーのエンゲージメントを獲得しやすく、ターゲット層への浸透率を高め、マス層にもリーチできる投稿になる。

❷ ベネフィットの提示

ターゲットを明示した後、次の文章ではターゲットに対するベネフィットを明確に示す。上記の例では「そういう人とめちゃくちゃ相性が良い」というふわっとしたベネフィットを示している。

❸ 二元論的な構造

とにかく多くの人に刺さるように、前半のターゲットと逆のターゲットも後半でカバーする。これによりマス層へのリーチを容易にする狙いがある。要は「全員やれ」ということ。

実際の投稿がこちら。最初はなんの気なしに投稿したものです。これがバズったことから、改良を重ねて、現在のさとり構文として運用しています。

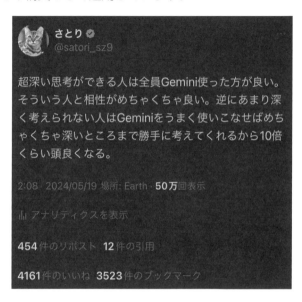

第2章 さとり構文の基本構造

投稿の広がりかたのイメージ

　ここでは、イメージしやすいようアルゴリズムについてお話ししますが、本質的にアルゴリズムは関係ありません。さとり構文は人間心理に基づいているため、アルゴリズムがどうであれ、普遍的にバズる投稿を作ることができるのです。前提として以下を理解したうえで、読み進めてください。

　SNSに投稿すると、まずはフォロワーに拡散されます。そしてフォロワーが「有益だ」と判断すると、今度はターゲット層に広がります。さらにターゲット層から、いいね・リポストなどのエンゲージメントが取れれば、今度はマス層へ。フォロワー・ターゲット層・マス層に共通するインサイトに刺すことが重要ですから、インサイトが被るところを狙ってピンポイントでインサイトを撃ち抜くような投稿を作ります。

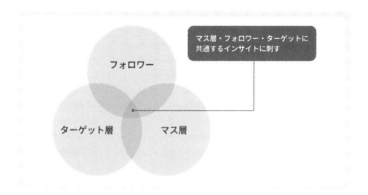

　投稿後5〜10時間でエンゲージメントがフォロワー総数を超えていることが1つの目安です。とはいえ最大48時間おすすめ欄に掲載されるので、初動でインプの伸びが悪くてもエンゲージメントが良ければおすすめ欄に掲載される可能性はあります。投稿して1〜2時間は、フォロワーからのエンゲージメントが伸びるかどうかに着目して投稿を観察しましょう。

　上記の仕組みから、最低200人のフォロワーが必要で、フォロワーの属性は絞られている方がやりやすいです。

マス層のインサイトの刺しかた

　マス層まで共通するインサイトに刺すためには、認知の歪みを利用するのが効果的。たとえば誰しもが「自分は平均以上の能力を持っている」という認知の歪みを持っています。

第2章
さとり構文の基本構造

運転技術

多くの人が「自分は平均的な運転手よりも優れている」と信じていますが、統計的に全員が平均以上であることは不可能です。

知識や知能

自分のIQや知識を他人よりも高く評価する人も多いです。

以下Perplexityによる解説です。

平均以上バイアスは、人々が自分の能力や特性を他者と比較して平均以上だと評価する傾向を指します。この現象は「レイク・ウォビゴン効果」や「優越性の錯覚」とも呼ばれています。

この効果の主な特徴は以下の通りです：

1. 自己評価の過大視：多くの人が自分を平均以上だと考える傾向があります。
2. 広範囲な適用：運転技術、リーダーシップ能力、知性など、様々な分野で観察されます。
3. 文化的影響：この効果は文化によって異なる可能性があり、特に欧米で顕著に見られます。
4. 能力と自己評価の関係：一般的に、能力が低い人ほど自己評価が高く、能力が高い人ほど自己評価が低くなる傾向があります（ダニング＝クルーガー効果）。

平均以上バイアスが生じる理由としては、以下が挙げられます：

1. 自尊心の維持：自己を肯定的に評価することで精神的健康を保つ。
2. 確証バイアス：自分の優れた面に注目し、劣った面を無視する傾向。
3. 比較基準の曖昧さ：「平均」の定義が不明確なため、自己に有利な解釈をしやすい。

このバイアスの影響を軽減するためには、以下の方法が効果的です：

1. 自己認識の向上：自分の強みと弱みを客観的に把握する。
2. 他者からのフィードバック：周囲の意見を積極的に求める。
3. 具体的な比較基準の設定：明確な評価基準を用いて自己評価を行う。
4. 謙虚さの維持：自己の限界を認識し、常に学ぶ姿勢を持つ。

平均以上バイアスを理解することで、自己評価をより客観的に行い、個人の成長や人間関係の改善につなげることができます。

このような心理効果を活用することで、広範囲なターゲットに届く投稿を簡単に生み出すことができます。

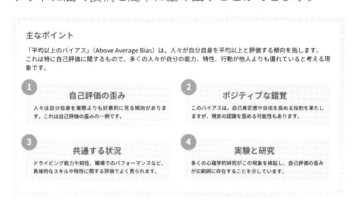

私の投稿の具体的なターゲティングを紹介すると次の通りです。

❶ 超深い思考が出来る人

❷ 頭の中が整理されている人

❸ 仕事ができる人

❹ 文章得意な人

ふわっとしたターゲットのインサイトは、コールドリーディングの概念についても勉強しておくと、より作りやすいものになります。

第2章
さとり構文の基本構造

コールドリーディングとは

　コールドリーディングとは、事前情報がない状態で相手の考えや感情を言い当てる会話テクニックの1つです。

❶ コールド（cold）は「事前準備なし」、リーディング（reading）は「心を読む」という意味です。

❷ 相手の外観、話し方、何気ない会話などから情報を読み取り、相手のことを言い当てます。

❸ 目的は相手に「私のことを理解してくれている」と思わせ、信頼感を高めることです。

　コールドリーディングのテクニックには以下のようなものがあります。

❶ **あいまいルーズ**
　曖昧な表現を使い、誰にでも当てはまりそうなことを言う。

❷ **おだてルーズ**
　相手の長所を褒める。

❸ **不満ルーズ**
　相手の不満を言葉にする。

❹ **向上心ルーズ**
　相手の向上心を指摘する。

47

このテクニックはビジネスシーンや日常生活で活用でき、相手との信頼関係の構築や、円滑なコミュニケーションに役立ちます。

あいまいルーズ

✔ 「あなたは時々、周りの期待に応えようと頑張りすぎてしまうことがありますね」

✔ 「人間関係で悩むことが多少あるようですね」

✔ 「仕事に対して真面目に取り組む傾向がありますね」

おだてルーズ

✔ 「あなたは周りをよく観察していて、気配りができる人だと思います」

✔ 「あなたは意志が強くて努力家だと感じます」

✔ 「あなたは創造性豊かで、独創的なアイデアを持っていますね」

不満ルーズ

- ✔「現在の状況に何か不満を感じているようですね」
- ✔「仕事の環境で改善したい点があるのではないでしょうか」
- ✔「人間関係で少し悩んでいる部分があるように見受けられます」

向上心ルーズ

- ✔「あなたは今よりもさらに成長したいと考えていますね」
- ✔「新しいスキルを身につけて、キャリアアップを目指しているのではないでしょうか」
- ✔「自己啓発に興味があり、常に学ぼうとする姿勢が感じられます」

これを平均以上バイアスの概念と組み合わせて活用すると、ターゲティングが上手になります。

具体的なペインを活用する

　ターゲットの具体的なペインを掘り下げて理解していると、インサイトに刺さりやすくなります。以下の投稿は「プログラミングに挫折した人」という多くの凡人が直面する壁、具体的なペインに刺さっていてとても絶妙なターゲティングとなっています。

　ペインを利用する際には具体的な話になるため、マス層まで共通して持ちうるペインを定義する必要があります。そこが若干難しいポイント。ペインを主軸に構文を作ると、個別具体的でニッチな話になりやすいです。一般的な感覚に自信がある人は、ペインを活用する方が伸びる投稿を作りやすいかもしれません。

第2章
さとり構文の基本構造

マスのペイン掘り起こしプロンプト

　ちなみに、このプロンプトを使うと、心を揺さぶるターゲティングとペインの掘り起こしが簡単にできます。

✓ **プロンプト**：副業に関連するネガティブな感情や状況を表す動詞のリストを教えてください。

ネガティブな感情や状況に関連する動詞のリストは、以下のようなものがあります：

1. **挫折する**：副業がうまくいかず、途中で挫折する。
2. **迷う**：副業の選択肢に迷って決断できない。
3. **失う**：副業の失敗で時間やお金を失う。
4. **悩む**：副業のストレスやプレッシャーに悩む。
5. **諦める**：思うように成果が出ず、途中で諦める。
6. **疲れる**：副業と本業の両立で心身ともに疲れる。
7. **後悔する**：副業に時間を費やしたことを後悔する。
8. **ぶつかる**：副業における壁や障害にぶつかる。
9. **落ち込む**：副業の結果が悪く、気持ちが落ち込む。
10. **孤独を感じる**：副業を一人で続ける孤独を感じる。

Mapifyを使ってインサイトを把握する

　Mapifyを使うと簡単にインサイト調査ができることが分かったので紹介します。以下の投稿をした後に試したのですが、私が使った「誰かに認められたい」と同じインサイトを出してきたので衝撃を受けました。

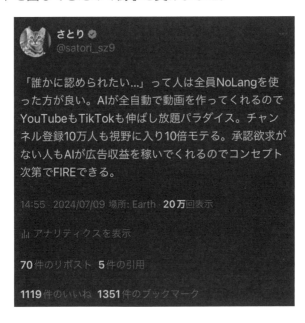

第2章
さとり構文の基本構造

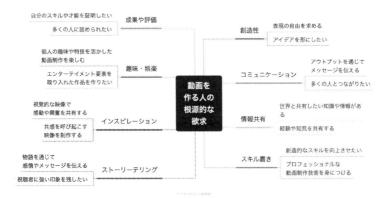

網羅的に出してくれるので、連想ゲームも捗ります！
インサイトの洗い出しで手が止まってしまう人はぜひ
Mapifyを活用してください。

✓ **プロンプト**：〜〜を使う人の根源的欲求

✓ 上記でダメな場合は（機能ではない）などを追加すると良いです。

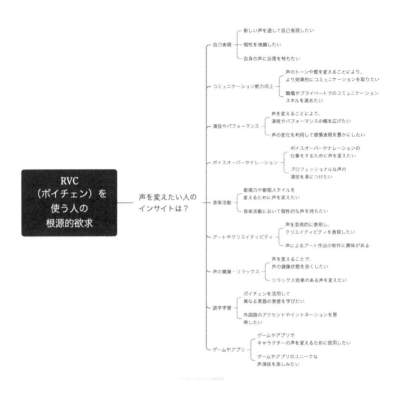

　MapifyでRVCについて出してみると、良いインサイトを出してくれました。さすがに「声フェチ」というインサイトは出してくれませんでしたが、かなりいい線をいっています。プロンプトをもう少し工夫することで、さらに深いインサイトを出すことができるはずですので、ぜひ試してみてください。

第3章
さとり構文の効果を引き出す要素

さとり構文の分解

{属性・能力}は全員{道具・ツール・作業}を{左につながる動詞}。{ベネフィット}ができるので{具体的な数字}になる。{冒頭と逆の属性・能力}の人も{ベネフィット}になって{理想の未来}になり{具体的な数字}になる。

例　超深い思考ができる人は全員Geminiを使った方が良い。そういう人と相性がめちゃくちゃ良い。逆にあまり深く考えられない人はGeminiをうまく使いこなせばめちゃくちゃ深いところまで勝手に考えてくれるから10倍くらい頭良くなる。

構文を分解すると次のような構成になっています。

第 3 章
さとり構文の効果を引き出す要素

❶ 属性・能力

たとえば、「超深い思考」、「AIを使いこなしたい人」のような広範囲の人のインサイトに共通する要素です。マス層までリーチしなければならないので広めの範囲を取ります。逆に紹介するツールはニッチでも問題ありません。

❷ 道具・ツール・作業

「AIツール」などツール類や「動画編集」など作業類を入れます。「これを使った方が良い」という内容を省略してCTA（コールトゥアクション）を**「リプ欄で詳しく解説しているので〜」**などと誘導するのもあり。

❸ 左に繋がる動詞

AIツールの紹介の場合は基本的に「使った方が良い」という言葉になります。ニュース系だと「〜の人に朗報」など。後ほど詳しく解説しますが、「使わない方が良い」と逆のパターンになったりもします。

❹ ベネフィット

ターゲットのインサイト（購買意欲や行動に至る核心／ツボ）に基づく便益を示します。どのような良いことがあればターゲットが喜ぶか、興味を引くかを考えて記入しましょう。ベネフィットを考える際に重要なのは「その段階になってはじめて気づくこと」などターゲットの段階を読み違えること。**自分の主観ではなくあくまでも徹底的にターゲットの視点から観察してください。**

❺ 具体的な数字

これはあってもなくても良い。適当でOK。

❻ 冒頭と逆の属性・能力

逆のターゲットを設定することでカバー率100％を目指す。

❼ 理想の未来

理想の未来が手に入るとなればやってみるか、となりやすい。抽象的な表現ではなくインサイトに基づく具体的な表現が良い。

さとり構文の目的

　さとり構文はマスへのリーチとエンゲージメントの獲得、および狙い通りの行動を起こさせることを目的とした構文です。ここでいう「狙い通りの行動」とは購買、再生、イベントへの参加などです。多用途ですが、それらがわずか140文字でおこなえます。

　マスにリーチしつつニッチなツールやサービスを紹介するので、大きく認知を広げることができます。認知の拡大とブランディング効果により、期待できる結果は次の通りです。

第3章 さとり構文の効果を引き出す要素

❶ フォロワーの増加と認知の増加
純粋にフォロワーの数も増えますが、有名なインフルエンサーなどからもフォローしてもらえます。また、認知が増えることで今後バズったときにも「あのAIの人か」という風にカテゴリ認知が得られやすくなるため伸びやすくなります。

❷ 「この人に頼めば間違いない」という認識
バズらせまくっているとDMで案件の紹介をして欲しいという依頼がたくさん来るようになります。これ自体はどうでも良いのですが、こうなってきたら「この人に頼めば間違いない」という認識を作れているという確認になります。

❸ 商品の売上やYouTubeの成長
商品を販売したりチャンネルを伸ばしたり、さまざまなことに使えます。とくにYouTubeを伸ばすのにXを活用できるのはとても大きい。

ちなみに、さとり構文でバズらせるようになってから、元々ゼロだった案件依頼のDMが増えました。

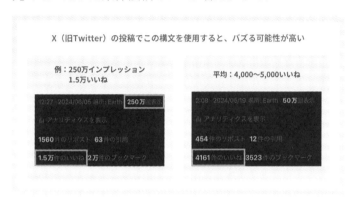

　冒頭でも紹介しましたが、インプ数もいいね数も尋常じゃないレベルで獲得することができます。250万インプ、1.5万いいね、なんて獲得したことありませんよね？　さとり構文をしっかり学んで実践すれば不可能ではありません。

　そのために、意識すべきポイントについて解説します。

第3章
さとり構文の効果を引き出す要素

Xにおけるファーストビュー

　動画という媒体においては「最初の5秒が重要」と言われますが、Xではそのことについて力説している人はあまりいません。しかしXにおいても動画と同じように最初の数文字はとても重要です。

　Xのユーザーは数文字しか読んでいないという研究結果もあるほど、みんな文字を読んでいないのです。だからこそ読み飛ばされないように、最初の数文字に命をかける必要があります。

　最初の数文字は、なるべく広い範囲のユーザーのインサイトに深く刺さるようなターゲティングの切りかたで、注意を引きつけましょう。この投稿での「超深い思考が出来る人」はまさにその要件を満たしていますね。

内容を作る際には、あるあるネタを作る要領で考えると思いつきやすいですよ。

これは、私が実際にバズったターゲティングです。

---

❶ AIを使いこなしたい人

潜在的にAIを使いこなしたいと思っている人は多いだろうなと思っていたので使ってみたらバズりました。

....

❷「AIを会社で使いたいけど課金が…」って人

AIを会社で使いたいけど課金がネックという人も多いだろうなと思っていたので使ってみたらバズりました。これはどちらかというと内容ありきでひねり出しました。

....

❸ ChatGPTを使いこなせていない人

これもあるあるネタのような感じ。ChatGPTを使いこなせている人は人口の5%くらいしか居ないらしいので、その統計データから。

....

❹ 文章得意な人

文章が得意な人というのは主観的な指標なので、後ほど解説する**平均以上効果**によってターゲティングが広く取れそうだったので採用。

....

❺ 頭の中が整理されている人

これも上記と同じような理由。頭の中が整理されていると思っている人が多そうだったのと、ADHDという対照的かつバズりやすいワードが使えるので採用したら見事に刺さった。

第３章 さとり構文の効果を引き出す要素

構文を構成するときに大切なポイント

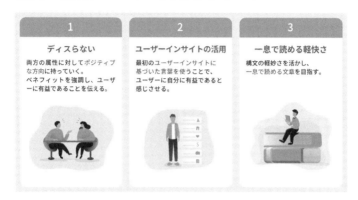

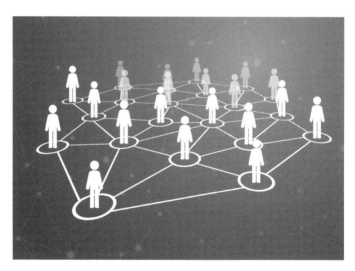

さとり構文の重要ポイント

❶ ディスらない
ターゲットと、ターゲットの逆の人々に対して、どちらもポジティブな方向に着地するように構文を組み立てます。そうすることでエンゲージメントも良くなります。

❷ ユーザーインサイトの活用
徹底的にインサイトに基づいた言葉を使うようにすることでエンゲージメント率を上げます。インサイトに刺さっていれば刺さっているほど投稿は100万インプを超えて伸びていきます。

❸ 一息で読める軽快さ
敢えて改行を使っていないことも意味があります。改行を使わないことで、文章構成自体が読みやすくないと読みづらい文章になります。改行でこまかさず語彙力で勝負しましょう。ユーザーのインサイトに基づく文章を軽妙な言葉遣いで表現することで多くの人に受け入れられやすい文章になります。

第3章
さとり構文の効果を引き出す要素

マーケスキルの磨きかた

　さとり構文を構築する上で欠かせないのが観察と洞察です。常日頃からマスのインサイトに対して興味を持っていないと、いきなり何かを書こうとしても、言葉が浮かんできません。

　日常生活の中で、多くの人が共通して持っている要素をリストアップすることを習慣づけましょう。「最近よく使われている言葉」や「社会のトレンド」など、そういうことをしっかり認識しておくことがさとり構文を効率的にバズらせるコツです。

実はこれ、マーケティングのスキルとほぼ同じなんです。さとり構文を極めることがマーケティングを極めることに繋がります。集客・教育・販売とすべてのスキルを一気に鍛えることができて、とても効率が良いのですよ。

　言いかたを変えると、さとり構文はマーケのレベルを計測するツールにもなるということです。書かせてみると数字としてマーケのレベルが出てしまうので、マーケターはやりたがらないかもしれません。とんでもないものを作ってしまってごめん、同業者たち。

第4章
さとり構文A〜Eの使い分けかた

さとり構文一覧

　ここにさとり構文の使い分けについてまとめました。まずは基本形である「さとり構文A」をマスターしましょう。そうすれば自然と他の構文も使えるようになります。

	使い所	備考
さとり構文A	万能	万能なのでいつでも使える。切り口の選定にセンスが必要。練習あるのみ。
さとり構文B	常識の否定	常識とその否定さえ決まればあとはスムーズに構築できるので難易度は低い。
さとり構文C	一般的なニュース	ニュース系に使うがさとり構文Aに近く万能。センスが問われる。
さとり構文D	衝撃的なニュース	ニュースの力で伸びる。素材の味を最大限引き出すための構文。
さとり構文E	ステップ紹介	副業で稼ぐまでのステップや何かを作る際のステップ解説で使うと良い。

　さとり構文Aは、さとり構文の基本形。最も汎用性が高く、広く活用されている構文パターンです。この構文は、特定のターゲット層に対して効果的にリーチし、彼らに行動を促すためのメッセージを簡潔に伝えることを目的としています。さとり構文Aを習得すれば、さまざまな状況に応じたメッセージを効果的に作成し、SNSでの影響力を高めることが可能になります。

第4章
さとり構文A〜Eの使い分けかた

さとり構文Aの作りかた

1 ターゲットの設定

さとり構文Aの第一ステップは、ターゲット層を明確に設定すること。「ターゲットは誰か」「彼らが何を求めているのか」を明確にすることで、メッセージがターゲットに強く響くようになります。ターゲット層は「副業を始めたいと考えている人」「SNSマーケティングに興味がある企業経営者」など、具体的な人物像を思い描きましょう。ターゲット層を明確にすることで、そのニーズや問題点に直接アプローチするメッセージを作成できるようになります。

2 ベネフィットの明示

ターゲットが明確になったら、次に彼らにとってのベネフィットを明示します。ベネフィットとは、ターゲットがこのメッセージを読んで得られる具体的な利益や価値を示す部分です。

ここで重要なのは、ベネフィットがターゲットのニーズに直結していることです。たとえば「このツールを使うと、業務効率が劇的に向上します」「この戦略を採用すれば、売上が20％増加します」といったように、具体的な結果やメリットを明示するようにしましょう。このステップで

は、ターゲットが「この情報は自分にとって有益だ」と感じることが重要です。

３ 二元論的な構造の導入

さとり構文Ａには二元論的な構造を取り入れるという特徴があります。「二元論的」というと少しむずかしく聞こえますが、要するに「読者に対して対立する２つの選択肢を提示して、どちらかに自分を当てはめさせる」という方法です。「今すぐ行動する人vs先延ばしにする人」「新しい技術を取り入れる人vs旧態依然とした方法に固執する人」など、対立構造を設定することで、読者に自己認識を促し、その選択に基づいて行動を取るように誘導します。これによりメッセージが一層強力なものになります。

４ 行動を促す誘導文（CTA：Call To Action）

最後に、読者に具体的な行動を促す誘導文を加えます。この部分では、読者がすぐに実行できるアクションを提案しましょう。たとえば「今すぐこのリンクをチェックして、詳細を確認してください」「この記事が役に立ったと思ったら、リポストしてください」といった形で、読者にしてほしいことを明確に伝えます。この行動を促すステップが、メッセージの効果を確実なものにし、さらに多くの人々に拡散されるきっかけを作ります。

第 4 章
さとり構文 A ～ E の使い分けかた

5 具体例を用いた作成

では早速、さとり構文 A を作ってみましょう！ 今回は以下のような構文を考えます。

- ターゲット設定：「SNS マーケティングに興味がある中小企業の経営者」
- ベネフィット明示：「この新しいツールを使えば、SNS でのフォロワーを一気に増やすことができます」
- 二元論的構造：「フォロワーを増やして売上を伸ばす経営者 vs SNS をうまく活用できずに停滞する経営者」
- 行動を促す誘導文：「今すぐこのツールを試して、あなたのビジネスを次のレベルに引き上げましょう」

さとり構文 A はターゲット層に対して明確で強力なメッセージを発信し、彼らの行動を促すための基本的なフレームワークです。この構文をしっかりとマスターすることで、SNS 上での効果的なコミュニケーションが可能になり、マーケティング活動をさらに効果的に展開することができるでしょう。

> **さとり** @satori_sz9
>
> ADHDタイプの人は全員Gemini使った方が良い。仕掛かりの仕事がゴチャゴチャしがちなのでそれらを全てGeminiに放り込んで要約とタスクの優先順位付けをしてもらうと一瞬で仕事の5割が片付く。この爽快感は他では味わえない。分かりやすい使い方のYouTube動画をリプ欄に貼ったから30秒だけでも見てみて。
>
> 午前0:12・2024年9月6日・**513.7万** 件の表示

> **さとり** @satori_sz9
>
> 頭の中が整理されている人は全員Eraserを使った方が良い。Eraserを使ってフローチャートを簡単に作れるようになると生産性が10倍になる。頭の中が整理されていないADHDタイプの人はEraserを使うことで頭が一気に整理されて作業漏れや見落としが減って社内での評価が10倍良くなる。
>
> 午後0:27・2024年6月5日・**259.1万** 件の表示

> **さとり** @satori_sz9
>
> ADHDやASDの人は全員これやった方が良い。ChatGPTに「この考えを中庸思想からアドバイスして」と自分の考えを書いた後に指示を出す。そうすると中庸でバランスの取れた回答をくれるため認知の歪みが改善される。一般人も定期的にこれをやることで認知バイアスを減らして老害化に歯止めがかかる。
>
> 最終更新 午前0:12・2024年7月21日 **259.1万** 件の表示

第4章
さとり構文A〜Eの使い分けかた

さとり構文Bの作りかた

　こちらは4分くらいで考えたさとり構文B。結果として万バズまで行きました。かなりコスパが良いですね。

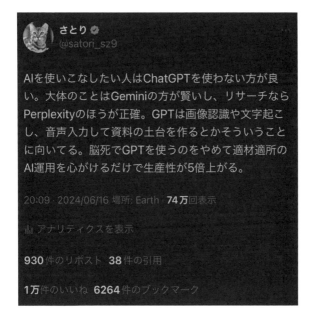

　さとり構文Bは、さとり構文Aに対する派生バージョン。通常の「〜の人は〜を使った方が良い」の逆バージョンで「〜を使わない方が良い」と訴求するパターンです。

さとり構文B

> さとり
> @satori_sz9
>
> AIを使いこなしたい人はChatGPTを使わない方が良い。大体のことはGeminiの方が賢いし、リサーチならPerplexityのほうが正確。GPTは画像認識や文字起こし、音声入力して資料の土台を作るとかそういうことに向いてる。脳死でGPTを使うのをやめて適材適所のAI運用を心がけるだけで生産性が5倍上がる。

ここがミソ

　さとり構文Bでは「〜を使わない方が良い」と明示することで暗に「それについて詳しい」と示し、「それについての専門家」というブランディングをおこないつつ認知を広げることができます。そのためエンゲージメント率を上げやすく伸びやすい特徴を持っています。

メリット1	メリット2	メリット3
エンゲージメント増加	**バズる確率向上**	**ブックマークが増える**
フォロワーのいいねが高確率でもらえる（踏み絵的に機能する。認知的不協和の解消）。こういう「通にしか分からないこと」みたいな投稿は「私も知ってますよ」をアピールしたくなる。	そのため、エンゲージメント率が上がりバズる確率も上がる	バズ後も、マスのブックマークが増える（知らない人ほど保存するため、プロスペクト理論）ため、より大きくバズりやすくなる

第4章
さとり構文A〜Eの使い分けかた

　最初の1行目さえ思いつくことができれば、2行目からは1行目のエビデンスを書くだけなので、さとり構文Aよりも構文自体も構築しやすいはずです。こちらもさとり構文Aに慣れたらぜひチャレンジしてみてください。

さとり構文Bの心理効果解説

① 認知的不協和の解消

　認知的不協和の解消とは、矛盾する認知や行動から生じる不快感やストレスを軽減または解消するプロセスを指します。人は認知的不協和を感じると、その不快感を解消するために次のような方法を取ることがあります。

❶ 認知の変更

矛盾する認知のうち、一方を変更または修正して整合性を取ります。たとえば、喫煙者が「タバコを吸うことでストレス解消になる」と考えを変えることで、健康への悪影響との矛盾を解消しようとします。

❷ 新しい情報の追加

矛盾を正当化する新たな情報や理由を見つけ出します。「タバコは体に悪いが、気分転換になる」といった具合です。

❸ 重要性の低下

矛盾する認知の重要性を下げることで、不協和を軽減します。

❹ 行動の変更

矛盾する行動を変えることで、認知との一致を図ります。たとえば、タバコをやめるという選択をすることです。

❺ 別の価値を与える

問題となる行動の代わりに、別の報酬や価値を見出します。たとえば、お菓子を食べすぎる代わりに、炭酸水にレモンを絞って飲むなどの代替行動を取ります。

❻ 価値の前提条件を変える

物事に対する価値観や捉え方を変更します。たとえば、タバコを吸うことで失うお金の額に注目し、節約できた金額を別の趣味に使うことでメリットを感じるようにします。

ビジネスの場面ではよく、この認知的不協和の解消を活用することがあります。たとえば、商品購入後の顧客の不安を解消するためにアフターフォローを徹底したり、顧客に「正しい買い物をした」という認知を後押しすることで、

第4章
さとり構文A〜Eの使い分けかた

購買決定を支援したり。さとり構文Bの場合は「フォローしているのに私がそれを知らないわけがない」とアピールしたくなるような、一貫性を保つ心理に繋がっています。

② プロスペクト理論

プロスペクト理論とは、人間の意思決定プロセスを説明する行動経済学の基礎理論です。この理論は、1979年にダニエル・カーネマンとエイモス・トベルスキーによって提唱されました。プロスペクト理論の主な特徴は以下の通りです。

---

❶ 損失回避性

人は利益を得る喜びよりも、損失を被る痛みをより強く感じる傾向があります。たとえば、1万円を得る喜びよりも、1万円を失う痛みの方が約2倍大きいと言われています。

❷ 参照点依存性

価値判断は絶対的なものではなく、比較対象（参照点）との相対的な関係で決まります。

❸ 確率の主観的評価

人は低確率の事象を過大評価し、高確率の事象を過小評価する傾向があります。たとえば、宝くじの当選確率が極めて低いにもかかわらず、「当たるかもしれない」と考えて購入する行動がこれに当たります。

❹ リスク態度の非対称性

利益が見込める状況では人はリスク回避的になり、損失が予想される状況ではリスク志向的になる傾向があります。

プロスペクト理論は、マーケティングや人材育成などさまざまな分野で応用されています。たとえば「期間限定」や「無料・割引キャンペーン」などの販促手法は、この理論を活用したものです。この理論は、従来の経済学が前提としていた「人間は常に合理的に意思決定する」という考えに疑問を投げかけ、人間の非合理的な行動パターンをより正確に説明・予測することを可能にしました。

　さとり構文Ｂにおいては、「この投稿を見逃してしまうと損をする」という方向性に働くため、ブックマークを誘発しやすくなっています。

　さとり構文Ｂは、「常識を覆す」や「逆説的な主張」を活用することで、読者の興味を引きつける構文パターンです。ターゲット層の常識や既成概念に挑戦するようなメッセージを伝えることで、驚きや関心を呼び起こし、深い印象を残すことが目的です。さとり構文Ｂを効果的に使用することで、よりインパクトのあるメッセージを発信し、ターゲット層の行動を強力に促進することが可能になります。

1 ターゲットの設定

　さとり構文Ｂでも、まずはターゲット層を明確に設定することから始めます。この構文は、特に既存の常識や一般的な認識に囚われているターゲット層に向けて使用されます。たとえば、「新しい技術に懐疑的なITプロフェッショ

ナル」や「伝統的なビジネスモデルを支持する経営者」など、特定の信念や考えかたを持つグループに焦点を当てます。ターゲットが持つ固定観念や常識を意識し、それに挑戦するメッセージを作成しましょう。

2 逆説的な主張の導入

　さとり構文Bの特徴は、逆説的な主張をメッセージの核に据えることです。この段階では、ターゲット層が持っている常識や期待を逆手に取った主張を提示します。たとえば、「成功したければ、努力を捨てるべきだ」「売上を伸ばすには、商品の価格を下げてはいけない」といった、一見すると矛盾しているように思えるメッセージを伝えます。この逆説的な主張が、ターゲット層の興味を引き、彼らに「なぜ？」という疑問を抱かせることで、メッセージに引き込む効果を発揮します。

3 主張を支えるエビデンスの提示

　逆説的な主張をおこなった後には、その主張を支えるエビデンスや理由を明示することが不可欠です。このエビデンスによって、ターゲット層が最初に感じた疑問や不信感を解消し、逆説的な主張に納得させることができます。たとえば、「努力を捨てるべき」という主張に対しては、「過度な努力はストレスを増大させ、生産性を低下させるからです」といった具体的な理由を提示しましょう。このように、ターゲットが論理的に理解できる理由を示すことで、

メッセージの信頼性を高め、読者の行動を促すことができます。

4 二元論的な構造の適用

さとり構文Bでも、二元論的な構造を適用することで、メッセージのインパクトを強化します。この場合、逆説的な主張をおこなう人々と、それに従わない人々という対立構造にしましょう。「新しい方法を採用して成功する人 vs 旧来の方法に固執して停滞する人」といった形で対比をおこない、読者がどちらの立場に自分を当てはめるかを考えさせます。この二元論的な構造は、ターゲット層に「どちらの選択肢が自分にとって利益があるか」を考えさせ、最終的にメッセージの指示に従うよう促します。

5 行動を促す誘導文（CTA：Call To Action）

最後に、読者に具体的な行動を促すための誘導文を加えます。さとり構文Bの場合、逆説的な主張に対して行動を取るように誘導することがポイントです。たとえば、「成功したければ、まずこの方法を試してみましょう」や「今すぐ、このツールを使ってみて、効果を実感してください」といった形で、読者が次のステップに進むための明確なアクションを提示します。このCTAによって、メッセージが単なる情報提供にとどまらず、実際の行動に結びつくように導きます。

第4章
さとり構文A〜Eの使い分けかた

6 具体例を用いた作成

では、さとり構文Bの具体的な例を考えてみましょう。

・ターゲット設定：「伝統的なビジネスモデルを支持する経営者」
・逆説的な主張：「成功したければ、競合他社に真似されることを恐れてはいけない」
・エビデンス提示：「革新的なアイデアは、競合他社に真似されることで市場全体を活性化し、結果として自社の地位が強化されるからです」
・二元論的構造：「革新を恐れない経営者　vs　競合を恐れて停滞する経営者」
・行動を促す誘導文：「今すぐ、次のアイデアを実行に移して、市場の先頭に立ちましょう」

　このように、さとり構文Bは常識に挑戦し、逆説的な主張を軸にしたメッセージを作成することで、ターゲット層に強いインパクトを与えます。この構文を活用すれば、従来の方法では達成できなかったターゲット層の興味を引き出し、行動を促すことが可能になります。

さとり構文Cの作りかた

　さとり構文C、D、Eは、それぞれ特定の状況や目的に応じて最適化されたバリエーションです。これらの構文は、異なるターゲット層や異なるメッセージの伝達方法を考慮し、効果的にリーチするために設計されています。中でもさとり構文Cは、読者の感情に強く訴えかけることを目的とした構文です。この構文は、特に共感や感動を呼び起こすメッセージを伝える際に効果的です。さとり構文Cを使うことで、ターゲットの感情を揺さぶり、深い印象を与えることができます。

1　ターゲットの設定

　まず、感情に訴えかけるターゲット層を明確にします。たとえば、「社会問題に関心がある若年層」や「環境問題に敏感なエコロジスト」など、感情的に強く反応しやすいグループを選定します。ターゲット層の感情的ニーズを理解し、そのニーズに応える形でメッセージを構築しましょう。

2　感情を引き出すエピソードの導入

　感情に訴えるためには、ターゲットが共感できる具体的なエピソードや物語を導入します。たとえば、「ある日、家族を救うために働き続けるシングルマザーの姿を見て……」といったように、感動的なエピソードを最初に提示

第4章
さとり構文A〜Eの使い分けかた

し、読者の感情を引き出します。ここではターゲットの心をつかむことが重要です。

3 エピソードに基づくメッセージの提示

感情を引き出した後、そのエピソードに基づいたメッセージを提示します。たとえば、「彼女のような人々を支援するために、私たちも今行動を起こすべきです」といった形で、感情的な共鳴を行動に結びつけましょう。ターゲットがエピソードに感情移入することで、メッセージが一層強力になります。

4 行動を促す誘導文

最後に、感情をアクションにつなげるための誘導文を挿入します。「今すぐこのキャンペーンに参加して、あなたも彼女を支援してください」といった形で、ターゲットの感情を行動に移すように誘導しましょう。感情に訴えた後の行動は、特に強いインパクトを持ち、メッセージが広がりやすくなります。

さとり構文Cの実例

次にあげる構文は、「全員使った方が良い」の部分が「朗報」に変わっただけでその他の構成は同じです。ニュースなど速報系に使いやすいですね。

83

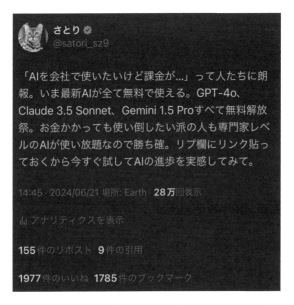

　ニュース性の高い投稿なので、ブックマークを誘発しやすく、エンゲージメントが高まりやすい傾向があります。プロスペクト理論ですね。

さとり構文Dの作りかた

「隣の人にスマホの画面を見せるかのように」がさとり構文Dの特徴です。隣に人がいたとして、伝えたいことがあったらどの順番でどのように伝えますか？　そんなリアリティを文章に起こしました。すべて口語調だと冗長になりすぎるので、前半だけ口語調で後半はニュース性を伝え

第4章
さとり構文A〜Eの使い分けかた

るさとり構文のスタンダードに寄せます。

　ポイントは「とにかく興奮が伝わるように」。さとり構文Cよりも更にニュース性の高い題材を扱うときに使用すると臨場感が伝わって良いでしょう。

さとり構文Ｅの作りかた

　Ｔさんという方の代行投稿が初出なので、そちらをご紹介します。さとり構文Ｅは、さとり構文Ａの書き出し＋箇条書き＋CTAという構成になっています。まだ伸びていますが、この１投稿で1000フォロワーぐらい増えそうです。

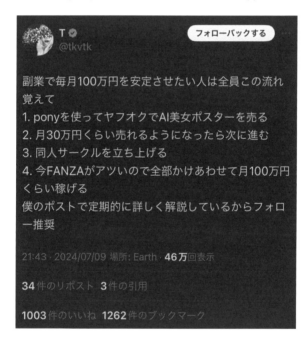

第4章
さとり構文A～Eの使い分けかた

　これらのさとり構文C、D、Eは、それぞれ異なる状況や目的に応じて使い分けることで、さまざまなターゲット層に対して効果的にメッセージを届けることができます。構文を組み合わせて活用することで、SNSマーケティングの幅を広げ、さらなる成功が見込めますよ。

　そのシンプルさゆえに奥深い。これらのポイントを押さえておくことで、ターゲットに強く響くメッセージを作成することが可能です。

　さとり構文の基本を習得した後は、それらを応用することで、さらに効果的なメッセージを作成し、多様なシチュエーションで活用できるようにすることが求められます。応用編では、さとり構文を基にした応用的なテクニックや、特定の状況での効果的な使用方法について解説します。これにより、さとり構文の幅広い応用が可能となり、あらゆるマーケティング活動で強力な武器として活用することができます。

その他のさとり構文

A～Eに分類されないさとり構文もありますので、紹介します。

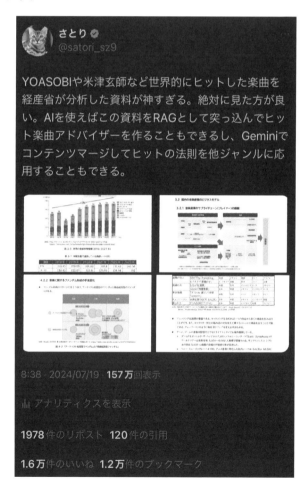

第４章
さとり構文Ａ〜Ｅの使い分けかた

　資料の権威性を先に書いて、その後にターゲットとベネフィットを訴求するパターン。これは紹介するものの権威性が高い場合や、大衆認知率が高いものの場合に使える構文です。資料の強さで勝負できるので、割と誰でも使いやすいのが特徴です。

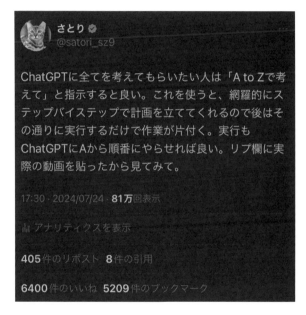

　こちらもほぼ同じで、ChatGPTという大衆認知率が高いものを先頭に持ってくることで広く訴求しています。

"みんなが知っているものの、知らない使いかた"を教えてあげることで、「そんな使いかたがあったのか」という気づきを与えることができます。

　また、これは「ChatGPTに魔法のような幻想を抱いている」というインサイトを前提としています。なんでもできるものに人は過度な幻想を抱きやすく、これも一種のバイアス。そのバイアスを利用して「すごいものをよりすごく使いこなす方法」という位置づけの情報になっているということですね。

　こういったインサイトの認識は、日常的に生活する上で人々の心理変化を"個"としてではなく"群"として認識することができていれば自然と分かるようになります。Xを眺める時間を多くすることで、この感覚はより理解できるようになるでしょう。

第4章
さとり構文A〜Eの使い分けかた

実際のさとり構文投稿の詳細解説

　ここでは実際の投稿をもとに、私がどういう考えで構文を構築しているかを解説していきます。

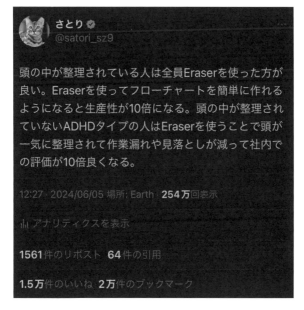

　この投稿は、ターゲットを「頭の中が整理されている人」としています。多くの人が自分は平均以上だと思っているため「頭の中が整理されている人」と言われれば「あ、自分のことかも」となります。

明確に違うと思っている人に対しても、「頭が整理されていないADHDタイプの人」と定義することで「私のことかも」と思わせるため、カバー率が100％となります。このやりかたはコールドリーディングの技術に近いです。

　そしてEraserという「まだほとんど誰も知らないツール」を取り上げることで「私のことかも×知らないこと＝有益かも」の図式が成り立ちます。ユーザー的には、知らないことを教えてもらっているので、この時点ですでにベネフィットが得られているのです。

　さらに、Eraserを使うとどうなるのかを2行目で教えます。頭が整理されている人のインサイトは合理主義や生産性主義という側面があり、そういう人には「生産性10倍」という言葉が刺さります。

　逆にADHDタイプの人のインサイトとしては、普段からミスや見落としを指摘されてうんざりしている可能性が高いので、「頭が一気に整理されて作業漏れや見落としが減って社内の評価が10倍良くなる」という文言で惹きつけます。

　ADHDやASD、HSPなど、ターゲットに対するインサイトを多く含有する言葉を使用することで対象者を協力に投稿に足止めすることができます。そういったワードを自分

の中にたくさんストックしておくと投稿を無限に思いつくことができるでしょう。

　他にも以下のようなワードはインサイトに刺さる要素を多数包含しているため、うまく使うことができればマスに刺さる投稿を量産できます。

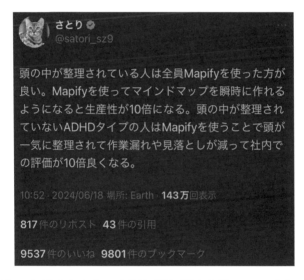

　次にあげるものも、上記と同じ構文を使っているので説明不要ですよね。見比べて、エンゲージメントの差やインプの差について考えてください。

> さとり
> @satori_sz9
>
> アパレルに携わっている人は全員IDM-VTONを使った方が良い。IDM-VTONでモデル撮影が不要になると毎月100万円単位で得する。アパレルやってなくても触っておくだけで話のネタになるので10倍モテる。ディープフェイク技術と組み合わせるとAIモデルも作れるのでSNS攻略もバッチリ。
>
> 23:08・2024/06/05 場所: Earth 204万回表示
>
> アナリティクスを表示
>
> **364**件のリポスト **65**件の引用
>
> **4148**件のいいね **5454**件のブックマーク

　これは「アパレルに携わっている人」をターゲットにしているので、一見狭いターゲティングかと思いきや、洋服はほとんどの人にとって関係があるのでバズりました。

第4章
さとり構文A〜Eの使い分けかた

　IDM-VTONというAI着せ替えツールがあるのですが、これを使うことで「モデル撮影が不要になり、毎月100万円単位で得をする」と示唆を与えています。実際、IDM-VTONはそういう用途なのでそのままベネフィットとして書き、カバー率を上げるために「アパレルをやってなくても触っておくだけで話のネタになる」という文を入れました。ベネフィットとしては「10倍モテる」。これはアパレルのような表層的なものが好きな人々はモテや外見を気にしている可能性が高いという分析に基づいています（もちろん例外もたくさんいるのは分かりますが実際、この数字が物語っていますよね）。

　さらにダメ押しのベネフィットとして「ディープフェイク技術と組み合わせるとAIモデルも作れるのでSNS攻略もバッチリ」という専門知識からの情報を入れており、フォロワー層からのエンゲージメントを高めています。

この投稿も「私のことかも×知らないこと＝有益かも」の図式。

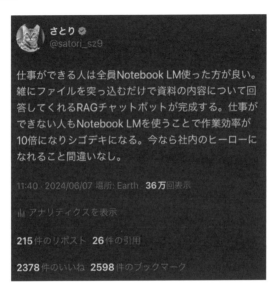

「超深い思考ができる人」という平均以上バイアスのターゲティング。どれくらいの深さで思考しているかは人から見えないので、自分では「深く考えている」と多くの人が思っているから刺さりやすいのです。この投稿のベネフィットは弱く、「そういう人とめちゃくちゃ相性が良い」という超ふわっとしたベネフィットを提示しています。

「深く考えられない人」もGeminiで深いところまで勝手に考えてくれる、という部分が多くの人に刺さった可能性もあります。どちらが正解だったとしても、これでカバー率が100％になるので問題なしです。

第4章
さとり構文A〜Eの使い分けかた

　この投稿も「私のことかも×知らないこと＝有益かも」の図式。

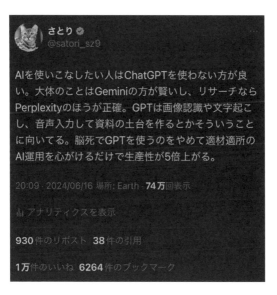

　これはさとり構文B。ChatGPT＝AIという認識が大衆にあるので、「AIを使いこなしたい人」は「ChatGPTを使わない方が良い」というセンセーショナルな一文から開始して、その理由を2行目以降で書いています。

　もはや説明不要。ここまで分かりやすくマスのインサイトに刺せれば、書き出しを思いついた時点でバズり確定です！

> さとり ✓
> @satori_sz9
>
> ChatGPTを使いこなせていない人は全員この動画を見た方が良い。「進歩早すぎてェ...よく分かんなくってェ...」その遅れを10分で取り戻せる。逆にAIを使いこなしている気になってる人もこの動画を見ることで新たな気づきを得られる。リプ欄に動画を貼っておくので今すぐ見てみて。まずは30秒だけでも。
>
> 1:34・2024/06/13 場所: Earth・**261万**回表示
>
> ɪɪɪ アナリティクスを表示
>
> **603**件のリポスト **12**件の引用

「ChatGPTを使いこなせていない人」これは統計で数字が出ていたので確信を持ってターゲットにしました。その人達のインサイトは確実に「AIの進歩が速すぎてついていけない」なので、それをおもしろおかしく書いたものをベネフィットとして「その遅れを10分で取り戻せる」と明確に言い切りました。

さらに「AIを使いこなしている気になっている人」と、若干煽りながらAIに詳しい人たちにも動画を見るように促しています。

第5章
さとりファネルの構築
【応用編】

さとりファネルからYouTubeやLINEへの誘導方法

　さとりファネルとは、さとり構文を効果的に活用し、ターゲット層を段階的に誘導して最終的な目的（購入、登録、リピートなど）に至らせるマーケティングのプロセスを指します。そもそもファネルとは広く一般にマーケティングで使われる概念で、日本語で「漏斗（じょうご）」の意味。漏斗のように、最初は見込み客を最初に幅広く集め、徐々に絞り込んでいきながら、最終的には購買や契約などの具体的なアクションを取らせるという流れが「ファネル」です。

　さとりファネルは、この伝統的なマーケティングファネルにさとり構文の要素を組み込み、ターゲット層に対してより効果的にメッセージを伝えることを目的としています。このアプローチは単なる情報提供ではなく、ターゲットの関心を引き、行動を促すために段階的かつ戦略的に設計されたプロセスです。

　具体的には、さとり構文を使って大量のインプを獲得し、「リプ欄の動画を30秒だけでも見てみて」などのCTA（コールトゥアクション）によって行動を促すというシンプルな導線です。

第5章
さとりファネルの構築【応用編】

　さとり構文を使いこなすと、別の媒体へ流入させることも可能です。これがかなりアツい！　実際に私はさとり構文を使って万バズさせてYouTubeの登録者数を増やしました。

　その結果、Xの1投稿でYouTubeの動画再生数＋20,000回、チャンネル登録者数＋1400人以上という驚異的な結果に。

　こちらが実際に投稿したものですが、さとり構文の基本にのっとり、テキスト140文字しか使っていません。

　上記の投稿の結果、以下のようになりました。

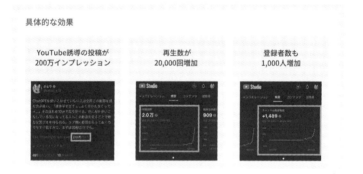

第5章
さとりファネルの構築【応用編】

　この投稿で気づいたことがあります。YouTubeはXなどから外部流入させると、YouTube内部のオーガニック集客も増えるようです。詳しい仕組みは分かりませんが、もしかすると「こういう属性の人とこの動画は相性が良いよ」というデータが取れるので、リコメンドしやすくなるのかもしれません。

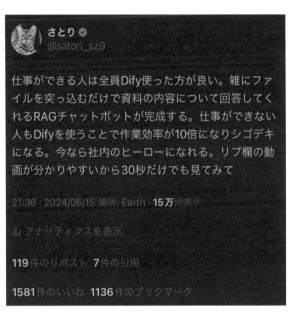

　YouTubeはファン化するのに非常に有効なプラットフォームです。さとり構文でバズらせて、YouTubeに誘導するという流れがシンプルなのに強力でとても使えます。

　YouTube動画に一度流してからLINEに登録するというファネルにすることで、厳選されたファンリストができます。そのため、メッセージの無駄打ちが避けられますし、セールスをおこなう際も効率的になります。

第5章
さとりファネルの構築【応用編】

さとり構文とファネルの連携

　さとりファネルはバックエンドを用意する必要がある上、使いこなすためには多少マーケの知識が必要なため、上級者向けのスキルです。バックエンドとは商品やサービスなど、集客した見込み顧客に対して販売する売り物のことを指します。

　さとり構文はあくまで認知を拡大して集客するためのもので、バックエンドがないと売上が立ちません。

　最初のうちはLINEの公式アカウントにリストだけ取っておき、バックエンドは後から作っても構いません。その場合、XからYouTubeに集客してファン化しておく作業を挟んだほうが成約率も上がるのでおすすめです。

　さとりファネルは動線がシンプルなので、一度マスターすれば、再現性が高いという点が魅力！　テキスト140文字で潜在層の顕在化まででき、YouTubeに流せばファン化も完了します。LINEではプレゼントを渡すなどしてフォローアップすれば、更にエンゲージメントを高めることもできるでしょう。

105

　上級者向けと言いましたが、やることが明確で動線がシンプルなので、マーケティングの練習に最適です。どこで躓いたかも明確で分かりやすいので、PDCAも回しやすいです。マーケティングスキルを磨きたい方はぜひさとりファネルも学んでみてください。

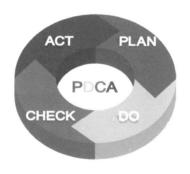

第5章
さとりファネルの構築【応用編】

さとりファネルを活用するメリット

　さとりファネルの最大のメリットは、ターゲット層を段階的に誘導して最終的な行動に至らせる過程で、常にターゲットに対して最適なメッセージを提供できること。各フェーズで適切なさとり構文を使用することで、ターゲットの関心を引き、彼らの疑問や不安を解消して最終的な行動を促進できるのです。また、柔軟性が高く、さまざまな業界やマーケティング目的に合わせてカスタマイズ可能であるため、幅広い応用が可能です。

　一度さとりファネルを構築すれば、マーケティング活動全体の効率が向上し、より高いコンバージョン率を達成することができます。一回限りのエンゲージメントではなく、継続的な顧客関係を構築するための基盤が築かれるのです。

　さとり構文は、短くインパクトのあるメッセージでターゲットの注意を引き、彼らを行動に導くための技術です。一方で、ファネルはターゲットを段階的に誘導し、最終的な行動（購入、登録など）に至らせるプロセスを管理するフレームワーク。そして、さとり構文とファネルの連携は、マーケティングにおける効果を最大化するための強力な手法です。これら二つの要素を連携させることで、より効果的にターゲット層を育成し、目標を達成することが可能になります。

さとり構文とファネルの連携の重要性

　さとり構文とファネルを連携させる際、ターゲットに対して一貫したメッセージを提供しながら、彼らを確実に次のステップへ誘導することが重要です。これにより、マーケティングプロセス全体がシームレスになり、ターゲットが迷うことなく最終的な行動に至る可能性が高まります。

　たとえば、ファネルの初期段階では、さとり構文を使ってターゲットの関心を引きます。ここでは、短くて刺激的なメッセージを送り、ターゲットが次の段階に進む動機を与えることが重要です。次に、ファネルの中間段階では、さとり構文を使ってターゲットの関心をさらに深め、彼らのニーズに応える具体的な情報を提供します。最後に、ファネルの最終段階では、さとり構文を使ってターゲットに具体的な行動を促す明確な指示を与えます。

第5章
さとりファネルの構築【応用編】

さとりファネルで直接商品を販売する

　さとりファネルを活用すれば、直接売上を作ることもできます。私のTips「売れるディープフェイク」を売るために以下の投稿をしたのですが、この1投稿から30万円分売れました。

リプライツリーの活用

　このようにリプライツリーに情報をぶら下げているだけで一切売り込みはありません。(myfansでマネタイズの部分)

　ちなみに、さとり構文の特徴として投稿に動画や画像をつけない代わりにリプライツリーを活用して情報を増やし、滞在時間を伸ばしたり、追加の価値提供をおこなったりする施策もあります。

第 5 章
さとりファネルの構築【応用編】

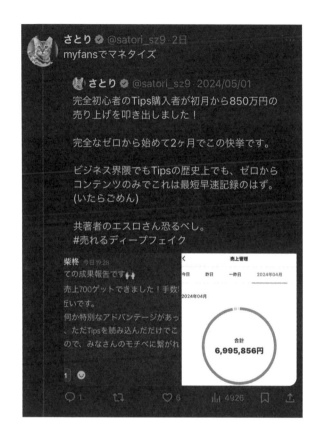

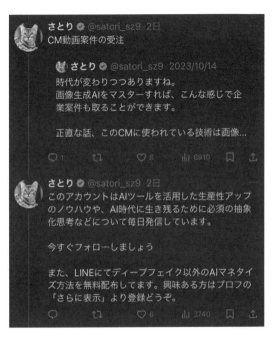

こちらの動線で、30万円の売上を出すことができました。

第5章
さとりファネルの構築【応用編】

　追加でもう1投稿したところ、そちらは20万円の売上に。2投稿で累計50万円分売れました。

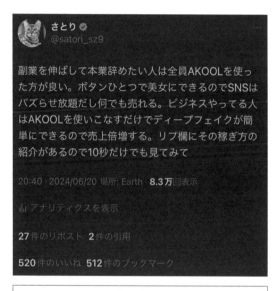

まとめ

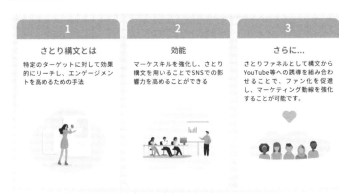

❶ さとり構文とは
特定のターゲットに対して効果的にリーチしつつマス層にもリーチして最大限のバズを狙う手法。エンゲージメントも高められるため、普段の投稿もバズりやすくなります。

❷ 効能
さとり構文とは「格闘技の型」のようなもの。型をマスターすることで最短距離で上達することができます。つまり、さとり構文は「マーケの型」のようなもので、練習を重ねることでマーケを最短距離でマスターすることができます。

❸ さとりファネル
応用してさとりファネルとして他の媒体や商品への誘導をおこなうことで、再生数やチャンネル登録者数を増やしたり、売上を直接立てたりすることができるようになります。

第6章
実践編：さとり構文ステップガイド

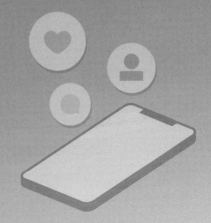

さて、ここからはさとり構文を実際にマスターして使いこなすための実践編です。このステップガイドに従って実践していけば、さとり構文をマスターすることができます。

ステップ0：アカウントを作ろう

　実践編に入る前に、当然ですが、アカウントがなければなにも始められませんので、アカウントを作りましょう。そして自分の強みを発信しつつ、フォロワーを200人程度集めてください。これはフォロワー層へのエンゲージメントがないとおすすめ欄に載りづらいためです。フォロワーを増やすために、引用などで同じ界隈の人たちにアプローチするのがおすすめです。きちんとやれば2週間ほどで200人は超えるはず。

第6章
実践編：さとり構文ステップガイド

ステップ1：毎日さとり構文を投稿してみよう

　フォロワーが200人以上の方はここからはじめてください。さとり構文を構築するために考えるべきことは以下のとおりです。

✔ ターゲットのインサイト

✔ ターゲットに対するベネフィット

✔ 設定したターゲットの逆

✔ 逆の人に対するベネフィット

　まずはこれだけを考えればOK！　テキスト140文字で十分バズれるので、画像や動画などを使う考えは消して大丈夫です。むしろその方が明確に何が良かったのか悪かったのかを判別しやすいので、投稿を改善していくPDCAサイクルも速くなります。

　投稿後は5〜10時間以内にフォロワー総数を超えていることが1つの目安となります。また、最大48時間おすすめ欄に掲載されるので、最初の方に伸びが悪くてもエンゲージメントが良ければおすすめに載る可能性はあります。エンゲージメントが伸びるかどうかに着目して投稿を観察しましょう。

結果が良くても悪くても、1回投稿しただけで満足してはいけません。1日に3回以上はさとり構文を投稿してください。そうすると、良い投稿・悪い投稿の違いが分かるようになります。今後の改善策を考えるためにも、数を確保するようにしてください。

　また、スプレッドシートなどに、投稿のテキストといいね数・リポスト数・ブックマーク数を記録しておくと振り返りやすいですよ。

	投稿内容	いいね数	リポスト数	ブクマ数
6月21日	ほにゃらららら	1,000	100	1,500
	なんたらかんたら	10,500	2,000	8,000
6月22日	にゃんにゃんにゃ	6,250	300	3,000
	うみゃうみゃみゃ	4,400	600	3,600

　まとめた表をChatGPTに分析してもらうと、かなり的を射たアドバイスをもらえるのでとてもおすすめです。

第6章
実践編：さとり構文ステップガイド

ステップ２：何かを売ってみよう

　フォロワーが増え、インプレッションも伸びたら、次になにか商品を売ってみましょう。「なにも売る商品がない」という方は練習としてこのコンテンツをアフィリエイトするのがおすすめです。さとり構文を使ってバズれば、さとり構文の有用性を証明できるので必然的にこのコンテンツが一番売れやすいです。アフィリエイトリンクはページ上部にあります。自分の商品を作ってみたい方は、コンテンツマージを使えばコンテンツを簡単に作れます。

参考動画 ▶ **【Geminiで生産性爆上げ】頭を使わなくても10万文字の資料が一瞬で完成！Geminiの基本とコンテンツマージの手法を解説**

　Youtubeで検索すれば無料で閲覧できますので、気になる人は是非ともご覧ください！　さとり構文の勉強が一段落したらコンテンツマージも勉強しましょう。

ステップ3：さとりファネルを構築してみよう

　ステップ2がうまくできたら、次にさとりファネルを構築してみましょう。さとり構文のCTAでLINEへの登録を促し、コンテンツマージで無料プレゼント用のコンテンツをLINE公式アカウントで配布します。

　そこから無料面談をおこなってコンサルやスクール、サロンの販売につなげるのも良し、アフィリエイトをするのも良し、あるいはコンテンツを持っている人の商品をJV（ジョイントベンチャー）で売るのも良し！　JVで商品を販売すれば自分が商品を持っていなくても売れるのでおすすめです。

　商品を売るのではなく、YouTubeチャンネルを運営している人とタッグを組んでチャンネルへの集客を代行してあげるのもおもしろそうです。これもJVとして毎月決まった額か送客数で成果報酬をもらうような契約を結ぶと良いですね。

第7章
さとり構文をNBDモデルで解析

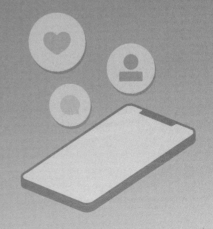

「さとり構文」をGeminiで解析

　森岡毅さんのNBDモデルに当てはめて、さとり構文を Geminiに解析してもらいました。コンテンツマージを使っています。

　本資料では、ある概念Aと「さとり構文」解説資料Bを 元に、マーケティング理論の「負の二項分布（NBDモデル）」を踏まえて、「さとり構文」のメカニズムと効果的な 活用方法を徹底解説します。

　「さとり構文」とは、SNSでの共感を呼び、拡散を促すことを目的とした文章構成法。一見すると逆説的な表現を用いながら、多くの人の潜在的なニーズを刺激し、行動を誘導する点が特徴です。

例

> ✓ 「仕事ができる人は全員Notebook LMを使った方が良い。雑にファ イルを突っ込むだけで資料の内容について回答してくれるRAG チャットボットが完成する。仕事ができない人もNotebook LMを 使うことで作業効率が10倍になりシゴデキになる。今なら社内の ヒーローになれること間違いなし。」

第7章 さとり構文をNBDモデルで解析

なぜ「さとり構文」はバズるのか?

心理効果による共感と拡散

「さとり構文」は、以下の心理効果を巧みに利用することで、共感と拡散を促進します。

> **① 平均以上バイアス**
> 人は誰でも、「自分は平均以上」だと感じたい生き物です。「さとり構文」は、このバイアスに訴えかけることで、読み手の自尊心をくすぐり、共感を得やすくします。
>
> **② 二項対立と帰属意識**
> 「できる人vsできない人」のように、二項対立構造を提示することで、読み手はどちらかに無意識に帰属しようとします。そして、どちらに帰属した場合でも、ポジティブなベネフィットが得られるように設計されているため、行動意欲を高めます。
>
> **③ 情報による優越感**
> 新しいツールやサービスの情報は、それ自体が価値を持つ時代です。「さとり構文」は、読み手に「知っている私、すごい」という優越感を与えることで、拡散意欲を高めます。

NBDモデルとの関連性

マーケティング理論の「負の二項分布（NBDモデル）」は、「消費者が特定ブランドを選択する回数」を予測するモデルです。「さとり構文」は、この「選択回数」を増やすための戦略として、以下のように機能します。

> **❶ ブランド選択機会の増加**
> 「さとり構文」は、多くの人の目に触れることで、認知度向上に貢献します。これは、NBDモデルにおける「ブランド選択機会の増加」に繋がり、結果的に「選択回数」の増加に繋がります。
>
> **❷ ブランド選好度の向上**
> 「さとり構文」は、心理効果を利用することで、読み手の潜在ニーズを刺激し、紹介する商品・サービスへの魅力を高めます。これは、NBDモデルにおける「ブランド選好度の向上」に繋がり、継続的な「選択回数」の増加に繋がります。

第 7 章
さとり構文をNBDモデルで解析

「さとり構文」の効果的な活用方法

基本構造を押さえよう！

「さとり構文」は、以下の基本構造で構成されます。

❶ 対象者の分類
　二項対立構造で、読み手を二つのグループに分類します。

❷ ベネフィットの提示
　それぞれのグループに対して、具体的なベネフィットを提示します。

❸ 行動喚起
　商品・サービスの利用や情報拡散といった、具体的な行動を促します。

具体的な作成手順

❶ ターゲットと商品の決定
　誰に、何を届けたいのかを明確にしましょう。

❷ 二項対立の設計
　ターゲットに刺さる二項対立を設計しましょう。

❸ ベネフィットの具体化
　それぞれのグループにとってのベネフィットを具体的に表現しましょう。

❹ 行動喚起の明確化
　読み手にどのような行動を取ってほしいのかを明確に示しましょう。

ワンランク上のテクニック

❶ 数字を活用
「10倍効率アップ」のように、具体的な数字を入れることで、説得力が増します。

❷ 感情に訴えかける
「憧れの存在になれる」「周りと差をつけられる」など、感情に訴えかける言葉を入れることで、行動意欲を高めます。

❸ ユーモアを交える
「さとり構文」は、時に冗談っぽく聞こえる点が特徴です。ユーモアを交えることで、親近感を増し、拡散されやすくなります。

「さとり構文」は強力なマーケティングツール

「さとり構文」は、単なるバズワードではなく、心理学に基づいた戦略的な文章構成法です。正しく理解し、活用することで、SNSでの共感と拡散を促進し、マーケティング目標を達成することができます。

第8章
さとり構文の未来と展望

さとり構文はマーケティングに不可欠

　さとり構文が誕生した背景には、インターネットの急速な発展とともに、情報伝達のスピードが飛躍的に増加したことがあります。情報があふれる中で、消費者やユーザーは短時間で重要なメッセージを理解し、取捨選択する必要に迫られています。さとり構文は、まさにそのニーズに応える形で進化してきました。

　当初、シンプルなキャッチコピーやSNSでの短文投稿として利用されていたさとり構文が、次第にマーケティングやブランディングの手法として注目を集めるようになったのは、メッセージの瞬発力が重視される時代の要請に応じたものです。「短くても強いインパクトを与えるメッセージ」に進化を遂げました。

　また、AIやデータ分析技術の進展により、ターゲットに合わせたパーソナライズドメッセージを瞬時に生成することが可能になり、さとり構文の効果を最大限に引き出すための技術的な基盤が整いました。

第8章
さとり構文の未来と展望

　これらの要因が重なり合い、さとり構文は今日のマーケティングやコミュニケーションの中で不可欠な要素として定着しています。

SNSの変化とさとり構文

　SNSは、またたく間に情報が流れ、ユーザーの関心を引くことがますます難しくなっています。このような環境では、簡潔かつ強力なメッセージを伝えることができるさとり構文が非常に重要な役割を果たします。Xのようなプラットフォームでは、140文字（現在は280文字）の制限がある中で、いかに効果的なメッセージを伝えるかが鍵となります。

さとり構文は、短い文でもターゲットの心に残るインパクトを与えることができ、リポストやいいねを増やすために効果的に機能します。また、Instagramでは、視覚的な要素と組み合わせてさとり構文を活用することで、メッセージの伝わりやすさを高めています。キャプションにさとり構文を添えることで、視覚とテキストが相乗効果を生み出し、フォロワーのエンゲージメントを強化します。

　TikTokのような短い動画プラットフォームでも、さとり構文は視聴者の関心を引きつけるための強力なツールです。動画の冒頭で使用すれば、視聴者に対して「この動画を見るべき理由」を瞬時に提示し、最後まで視聴してもらう動機づけとなります。

　SNSの変化に伴い、さとり構文も柔軟に進化し続けています。特に、これからのSNSはAIを活用したパーソナライゼーションが進むことが予想されますが、さとり構文がこれにどのように対応していくかが注目されます。ターゲットの個々の嗜好や行動パターンに合わせたさとり構文の自動生成が可能となり、SNSマーケティングにおけるさとり構文の重要性はさらに高まるでしょう。

第8章
さとり構文の未来と展望

さとり構文が直面する課題とその解決策

　さとり構文は非常に効果的なコミュニケーション手段である一方、その使用にはいくつかの課題があります。たとえば、過度に簡潔なメッセージが誤解を招く可能性や、ターゲットによっては逆効果となるリスクです。また、感情に訴えるさとり構文が、場合によってはターゲットに不快感を与えることもあるでしょう。

さとり構文とSNSプラットフォームの適応

　各SNSプラットフォームの特性に合わせて、さとり構文も適応する必要があります。主要なSNSプラットフォームでのさとり構文の活用例を挙げてみましょう。

1 Xでのさとり構文

Xでは、140文字（現在は280文字）の制限があるため、簡潔でインパクトのあるメッセージが求められます。さとり構文は、短い文章でターゲットの関心を引きつけるのに適しており、リポストや「いいね」を増やすための効果的な手法です。

2 Instagramでのさとり構文

Instagramは視覚的なコンテンツが中心ですが、キャプションにさとり構文を組み合わせることで、メッセージのインパクトをさらに強めることができます。短くても強いメッセージをキャプションに添えることで、フォロワーのエンゲージメントを高め、投稿のリーチを拡大する効果があります。

3 TikTokでのさとり構文

TikTokは、短い動画が主流のプラットフォームであり、瞬時にユーザーの興味を引く必要があります。さとり構文を動画内でナレーションやテキストオーバーレイとして使用することで、視聴者に強いメッセージを伝えることができます。たとえば、さとり構文で作成をしたメッセージを動画の冒頭に配置することで、視聴者の関心を引きつけ、動画の最後まで見てもらう動機づけとなります。

第8章
さとり構文の未来と展望

SNSの未来とさとり構文の可能性

　SNSは今後も進化し続けるでしょう。新たなプラットフォームや機能が登場することが予想されます。これに伴い、さとり構文もさらに進化し、さまざまな形で活用されるでしょう。たとえば、ライブストリーミングやストーリーズといった短期間で消えるコンテンツでも、さとり構文はその即時性とインパクトを活かして、視聴者に強い印象を残すことができます。

　また、AIを活用したSNSのパーソナライゼーションが進む中で、さとり構文はより個別化されたメッセージとして、ターゲットのニーズや関心に合わせて自動生成される可能性があります。これにより、さとり構文は、未来のSNSマーケティングにおいてますます重要なツールとして確立するでしょう。

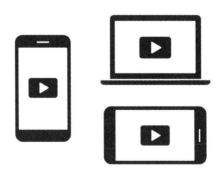

まとめ

SNSが進化し、新たなプラットフォームが生まれたとしても、さとり構文は各プラットフォームに適応し、ユーザーの行動や関心に合わせたメッセージを提供することで、未来のSNSマーケティングにおいても欠かせないツールとなるでしょう。これからもSNSの進化に伴い、さとり構文がどのように変化していくのか、その動向に注目が集まります。

読者様へのスペシャル動画公開中！

ここまでお読みいただき、ありがとうございます。

読者様特典として、「さとり構文」がさらにわかる多彩な動画を限定公開しています。
ぜひご覧ください。

・さとり構文動画講座
・さとりの書の切り抜き動画

コチラから
アクセス▶

第 **9** 章
さとり構文を生み出す思考の裏側

140文字の裏側にある巨大な思考

　ここからは、多くの注目を集めた「さとり構文」の背景にある「思考」について、お話ししたいと思います。「さとり構文」は、わずか140文字に凝縮され、無駄を排し、洗練された形式を備えていますが、その裏側には膨大な思考の軌跡が存在します。これを仮に「さとり哲学」としましょう。

「さとり構文」が氷山の一角だとすれば、「さとり哲学」は海面下に広がる巨大な本体そのものです。私自身の思考は、膨大なインプットに対し極めて凝縮したアウトプットをおこなう「大規模言語モデル(LLM)」にも似ています。140文字ほどの投稿にも、多くの思考の断片が息づき、それらが整理・統合された「情報体系」として結実しているのです。

　ここで言う「情報体系」とは、ただ膨大な知識や陳腐な表現をなぞることではありません。そこには新たな着眼点や筋道だった思考、ひいてはそのエッセンスが凝縮されています。

「天才」と「凡人」の思考には大きな違いがあると言われます。何が異なるのか。私自身が天才であるなどとは申し

第9章
さとり構文を生み出す思考の裏側

ません。ただ、140文字に約5,000文字分の情報体系を
盛り込むのが精一杯という程度です。

　歴史上の偉人や真に卓越した人物は、わずか10文字足
らずの文に10万文字以上に相当する情報体系を含意しま
す。たとえば「人間万事塞翁が馬」や「色即是空空即是
色」は、その一例と言えるでしょう。結局、文字数ではな
く大切なのはナラティブ、思考そのものなのです。

　今回お伝えしたいのは、世の真理を考えるための思考法
と、その鍛え方。つまり「本質」の捉え方と言ってもよい
でしょう。ひとつ、具体例を挙げます。

　次の投稿は約500万インプレッションを超え、高い関
心を得た「さとり構文」の一例です。決して、あるAIツー
ル「Gemini」を巧みに紹介したからだけで注目されたわけ
ではありません。500万以上のインプレッションを獲得し、
多くの人の心を掴んだ背景には、現代のビジネスパーソン
を3層に分類し、それぞれに対立やメタ認知、アイロニー
といった要素を緻密に組み込み、多面的なメッセージを
140文字に凝縮した点が挙げられます。

　３つの階層と対応する視点を簡潔に示すと、以下の通りです。

【第１階層：ADHDというトピックへの視座】

　投稿では、適応に苦戦し「仕事の仕掛けが混乱しがち」と悩むADHD傾向の人と、その原因を「要約とタスク優先づけの不足」と捉える非ADHD的な視点を対置しています。また、ADHD文脈が単純な二項対立になりがちなところへ、医療的介入でも受容でもない、「AIとの共創」というメタ的な解決策を挿入。さらに「自称ADHDタイプ」に対するさりげないアイロニーも示しています。

【第２階層：AI活用の有無に関するビジネス視点】

「Gemini」というツールの提案は、AIを活用しない層だけでなく、すでにAIを使いこなす層にも共感を生みます。その一例が「爽快感」というキーワードです。LLMが多量の情報を瞬間的に吐き出す場面には、ASMR的な快感が

第9章
さとり構文を生み出す思考の裏側

あることをご存知の方もいるでしょう。これを言語化しやすい形で提示すると同時に、あえて「他では味わえない」というフレーズを用いて潜在的な ASMR 感覚を呼び起こしています。

　また、「段取りが仕事を左右する（要約と優先づけで仕事の5割が片づく）」という、一般的なビジネス知識をあえて挿入し、視点を下げるテクニックも用いました。ADHD文脈でのアイロニーを用いた分、この普遍的なビジネス論でバランスを調整しています。

【第3階層：現代的な学習スタイルの変化】

　さらに上位の視点として、現代の学習スタイルにも言及しています。YouTubeで学ぶ人とそうでない人を二項対立として提示し、「30秒だけでも見てみて」と訴えながら、「30秒ではオープニング程度しか見られない」という軽いアイロニーを交えています。これこそが「さとり哲学」であり、その本質を最小限の情報量で表現したものが「さとり構文」です。

　なぜ「本質」が必要か。それは脳が単純な情報しか瞬時に扱えないからです。これもまた「本質」的な点と言えるでしょう。

さとり哲学の基本概念

「さとり構文」は、しばしば「センスが良い」と評されます。私は、物事を考える尺度として「センス」という概念を用いており、「センスを磨くこと」こそが、さとり哲学の追究そのものだと考えています。先に答えを明かしてしまえば、それが要点です。

　センスを磨けば本質を見抜く力が養われ、虚飾に惑わされず真価を見出せます。私はそれを「真理」と呼びます。では問います。「センスの良さ」とは何でしょうか。少し考えてみてください。

「センスの良さ」を芸術・美術と紐づけて語ることは多いものの、それは必ずしも芸術領域に限られた概念ではありません。部屋づくり、家具選び、音楽、論理展開、プログラミング——あらゆる分野で「センスが良い」と評価される事例があります。つまり、センスは必ずしも技術やスキルと同義ではなく、むしろ物事の本質をとらえ、効果的に表現する能力を指します。

「絵がうまい」と「絵のセンスが良い」は微妙に異なるものです。同じ技術力を持つ人同士でも、センスがあるかないかで生み出される成果は大きく変わります。

第9章
さとり構文を生み出す思考の裏側

　しばしばセンスは「感覚的なもの」と誤解されがちですが、私は論理的な裏づけがあると考えています。なぜなら、センスの悪さは論理的に説明できることが多く、その逆説として、センスの良さも論理的に裏打ち可能なはずです。

　もちろん、優れた論理はときに「ひらめき」の形で訪れます。歴史上の科学者や哲学者が偶発的な経験から偉大な発見を成し遂げた例は数多くあります。しかし、その背後には必ず、意識下または無意識下で何らかの論理が機能しています。「勘」や「なんとなく」と呼ばれる直感も、長年の知識・経験の積み重ねが言語化しにくい形で結晶化したものであり、単なる曖昧さではありません。

　センスを高めるには、知識を蓄え、情報を論理的に整理・編集する力を磨く必要があります。センスは先天的な才能ではなく、後天的に習得可能な能力です。

センスの良さの正体とは?

　ではセンスの良さとは何か。その正体は「物事を一瞬で理解させる編集能力」です。

　たとえば「センスの良い部屋」とは、その空間に入った瞬間、部屋が示すテーマや雰囲気、狙いが直観的に伝わることを指します。自然素材や緑で落ち着きを表す、モノトーンで洗練を表す——それらは全体の調和を考え抜き、必要なら少し崩しを入れるなど、考え抜かれた編集の成果です。

　センスの良い人は、複雑な内容であっても瞬時に本質を伝えます。それは豊かな経験や知識の蓄積が直感となって働き、複雑な情報をシンプルな表現に還元する論理的行為です。

　こうした「掘り下げる」作業こそ「さとり哲学」です。そして、掘り当てた岩盤を逆転させ、一瞬で地上に示したものが「さとり構文」なのです。

　私にとってこれらは、ごく自然な思考の習慣であり、特別なステップ意識や「極めよう」という意図が常にあるわけではありません。あたかも歯磨きのように、考えないと

第9章
さとり構文を生み出す思考の裏側

落ち着かないほど日常的な行為です。

　もちろん、こうした深い思考は一朝一夕に身につくものではありません。歯磨きにすら上手い下手があるように、「深く考える」ことも練習と積み重ねが必要なのです。

　文献を遡れば、「考える」ことは「哲学する」ことと同義であり、その原点はタレスとされます。タレスは「万物の根源は水である」と主張しましたが、現在の科学的知見から見れば誤りです。しかし、科学的常識や歴史的事実ですら、日々新たな発見によって書き換えられます。「答え」そのものは流動的であり、絶対視できません。

　重要なのは「問い」を立てること。「世の中のあらゆるものは、どこから来たのか」「その構成要素は何か」と自問することで、私たちは情報を鵜呑みにせず、経験や知識すら疑う思考へと進めます。これこそが真理へ近づく一歩なのです。

　AIに「水平思考で考えて」と求めるだけでは、自ら考えているとは言えません。AIを有効な壁打ち相手とするのは良い試みですが、その先で自分自身が深く考えなければなりません。AIが示した答えに安易に納得していては、自分の思考の浅さを露呈するだけです。

143

多くの人は物事を単純に捉えがちですが、本当はもっと多面的、逆説的な思考ができるはずです。最初は「思考の体力」が足りず、浅いところで妥協してしまうかもしれません。しかし、そこで留まらず掘り下げる努力を続けることで、思考体力が鍛えられ、知見や感覚、論理的思考力が拡張されていきます。

　こうして思考を深め続ける先にこそ、センス──「物事を一瞬で理解させる編集能力」が磨かれていくのです。

🐈 おまけ

他の人のさとり構文

「さとりだからバズらせられるのでは？」と疑っている人のために、私以外でバズったさとり構文を一部ご紹介します。私であるかどうかもAIであるかも関係なく、なんでも機能することが分かるでしょう。とくにユニコさんの成果がすごいので見てください。

おまけ

おまけ

他の方もバズりまくっています。

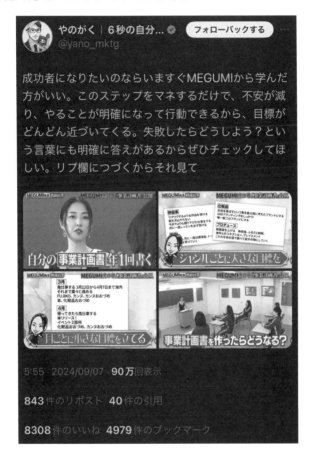

シュナプーン @AI漫画... ✓　フォローバックする
@schnapoon

パラパラAI漫画を作りたい人はcontrol netを使うべき。これ実は1枚1枚AI生成画像をつなげているだけ。こんな感じで違和感なく再現性高い画像を連続して出せる。誰でもパソコンで無料で利用できるのが良い。作り方をリプ欄にまとめたので、少しだけでも見て。

17:49・2024/09/02・**155万**回表示

752件のリポスト　**243**件の引用

5809件のいいね　**4319**件のブックマーク

おまけ

> **ハヤシ シュンスケ** ✓
> @openagi_lab
>
> ChatGPTを使っている人は全員メモリー機能を使った方が良い。知らないと損する秘密兵器で、質問の精度が10倍上がる。「えっ、そんな機能あったの？」ってなるけど、使えば使うほど会話が魔法のように滑らかになる。プロンプトが勝手に構築されるから、効率爆上がり間違いなし。ChatGPTマスター気取りの人も新たな使い方に驚くはず。リプ欄に私のメモリを載せておくのでコピペで記憶してと入力！！
>
> 8:13・2024/07/01 場所: Earth・**60万**回表示
>
> **147**件のリポスト **18**件の引用
>
> **2105**件のいいね **3355**件のブックマーク

おまけ

Ken Tanahashi
@kentanahashi

フォローバックする

写真が上手くなりたい人は全員ChatGPTを使った方が良い。そういう人と相性が抜群に良い。逆にあまり写真が得意でない人もChatGPTをうまく使いこなせば、写真の分析をバリバリしてくれるし、5倍くらい上手くなる。こんなに丁寧に批評してくれる先生は他にいない。しかも何回聞いても怒られない。

19:42・2024/06/09 場所: Earth・**111万**回表示

1436件のリポスト **143**件の引用

7876件のいいね **5907**件のブックマーク

すぐる | ChatGPTガ...
@SuguruKun_ai

旅行プランに迷う人は全員Geminiを使った方が良い。「新宿から鎌倉へ旅行に行くので、詳細な日程を作って。予算は少なめで、適宜カフェ作業もしたい」と送るだけで最高のプランが完成。すぐ旅程組める人でも、知っておくだけで予定作りが10倍くらい時短できる。

15:51・2024/06/09・場所: Earth・**90万**回表示

623件のリポスト **75**件の引用

6750件のいいね **6042**件のブックマーク

おまけ

前川友吾 / AI・eスポー...
@YuugoMaegawa
　　　　　　　　　　　　フォローバックする

eスポーツしてる人は全員Geminiを使った方が良い。
「録画したプレイを、Geminiに送って全て文字おこしをして。そして、悪いプレイとその改善点を教えて」っていうとAIが改善点を教えてくれる。知っておくだけでプレイの振り返りが１０倍くらい効率化される。

21:53・2024/06/10 場所: Earth・**35万**回表示

130件のリポスト **21**件の引用

1772件のいいね **1529**件のブックマーク

生ビール
@wmoto_ai
　　　　　　　　　フォローバックする

今秋 応用情報技術受ける人は全員このGPTs使った方が良い。
公式の最新シラバスを元にGPT-4oが爆速で出題してくるのを見ながら、即頭の中で回答することで10倍 学習効率上がる。

ALTに指示(超テキトー)載っけてるのでアレンジして自分のGPTsとしてもどうぞ

13:48・2024/06/12 場所: Earth・**75万**回表示

578件のリポスト **29**件の引用

5142件のいいね **5441**件のブックマーク

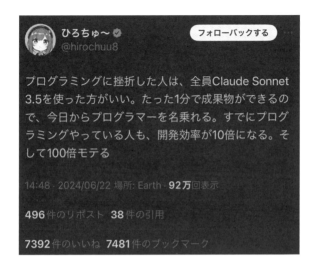

さとり構文は、Xのプロたちも絶賛

もんぐち社長も納得

　フォロワー数10万人超え、X運用に精通しているもんぐち社長にフォロー外からさとり構文を布教したら褒めてもらえました。懐の深い方です。

おまけ

さとり
@satori_sz9

Xでバズらせるにはテキスト140文字以外は不要です。さとり構文を使えば長文も動画も交流も不要。超高確率でバズらせられます。月に2700万インプ、+7000フォロワー、売上もYouTubeも爆伸び。X運用の最適解はさとり構文ただそれだけですね。詳細はリプ欄に貼っておくので気になる方はご覧ください。

もんぐち社長 @monguchitakuya・3日
【Twitter→Xで起きた運用上の変化5選】
これ把握していないと絶対に伸ばすことはできません。
交通ルールを知ってるから事故らないのと同じで、知らなかったら秒で事故るんですよね。
未だに古い運用でフォロワー数を追いか... さらに表示

19:19・2024/06/18 場所: Earth **4.3万**回表示

19:30

🐾 もんぐち社長 ✓ @monguchitaku... · 10時間
【Twitter→Xで起きた運用上の変化5選】
これ把握していないと絶対に伸ばすことはでき
ません。
交通ルールを知ってるから事故らないのと同じ
で、知らなかったら秒で事故る...さらに表示

💬 2　　🔁　　♡ 7　　📊 923　　🔖　　⬆️

もんぐち社長 ✓ @monguchitakuya · 9分
天才です！

💬 1　　🔁　　♥　　📊 27　　🔖　　⬆️

さとり ✓ @satori_sz9 · 8分
ありがとうございます

💬 1　　🔁　　♡　　📊 22　　🔖　　⬆️

もんぐち社長 ✓
@monguchitakuya

[フォローバックする]

さとり構文、挑戦してみてもよいでしょうか？

19:22 · 2024/06/18 場所: Earth · 13回表示

💬　　🔁　　♡　　🔖　　⬆️

さとり ✓ @satori_sz9 · 7分
もちろんです！

💬 1　　🔁　　♡ 1　　📊 18　　🔖　　⬆️

もんぐち社長 ✓ @monguchitakuya · 7分
ありがとうございます！！！

💬　　🔁　　♥ 1　　📊 14　　🔖　　⬆️

返信をポスト

おまけ

ろじんさんも絶賛

TikTok運用やX運用で有名なろじんさんにも褒めてもらえました。ろじんさんはfictionというシーシャバーを経営しており、破竹の勢いで店舗数を増やしているようです。令和の虎への出演でも話題になりましたね。何かと話題が欠かないインフルエンサーのろじんさんです。

店舗経営で有名な仲野さんも絶賛

ハリナチュレという全国展開の美容鍼サロンを経営しており、店舗経営についての発信がとにかく質が高いことで有名な仲野さんからも絶賛されました。現在、全国に17店舗あるようです。店舗経営に興味がある方は仲野さんをフォローすると良いですね。

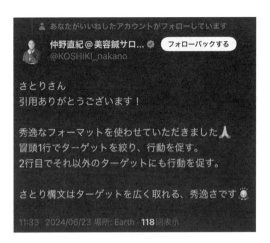

1000万円分の価値を認められました

　試しに年間1000万円で運用代行を募ってみたら数分で応募があり、実際にやることになりました。

おまけ

そして、しっかりバズらせています。

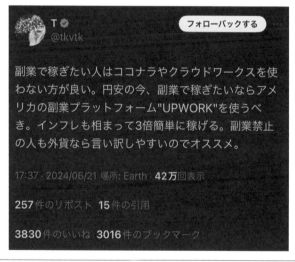

娘をお風呂に入れる時に、娘の好きな泡遊びを入れてさとり構文風に言い聞かせたら、いつもより素直に来てくれました。
声に出すと、押し付けや脅迫のない文章で言いやすく感じます。
午後3:05・2024年10月24日・**1.2万** 件の表示

さて、さとり構文についてのプロモーションは以上です。これで、さとり構文がどれほど有益か伝わったのではないでしょうか。

私がさとり構文を使う本当の理由

そもそもなぜ私がさとり構文を使っているのか、その先に何があるのかについてお話しします。結論から言うと、"ハイブランドを構築したいから"です。

たとえばルイ・ヴィトンが訪問販売をしていたらブランドの格が落ちたと感じませんか？　ブランドはセールスをしてはいけません。顧客に「買わせてください」と言われる存在でなければならないのです。

そのためハイブランドは自分自身ですごさをアピールするのではなく、"代弁者"の存在を必要とします。

さとり構文はマスマーケティングのための構文だということはすでにご理解いただけたと思いますが、さとり構文を使う人が増えることで"代弁者"が増えます。

とても分かりやすい例があるのでひとつご紹介します。

おまけ

エルメスとバーキン

エルメス（Hermès）とバーキン（Birkin）の物語は、1980年代にさかのぼります。バーキンは、フランスのラグジュアリーブランドであるエルメスがデザインした、最も有名で高級なハンドバッグのひとつです。その誕生の背景には、女優ジェーン・バーキン（Jane Birkin）との偶然の出会いがありました。

1983年、ジェーン・バーキンはパリからロンドンへ向かう飛行機の中で、エルメスのCEOであったジャン＝ルイ・デュマ（Jean-Louis Dumas）と偶然隣り合わせに座りました。ジェーンは当時、日常使いのバッグに不満を持っており、特に子育て中の母親にとって実用的なデザインが必要だと感じていました。飛行機の中で、彼女が持っていた荷物がバッグからこぼれ落ちたことで、デュマがその話を耳にする機会が生まれました。

この出来事をきっかけに、デュマはバーキンのニーズを取り入れたバッグのデザインを提案し、彼女と共にアイデアを練り上げました。こうして誕生したのが「バーキン」です。シンプルでありながら実用性が高く、素材や製作過程においても最高級の品質を誇るバッグは、またたく間に高級ファッションアイテムとして認知され、ステータスシンボルとなりました。

ジェーンがバーキンを大変気に入って愛用した事実は、このストーリーとともに大衆に大きく認知されるきっかけとなりました。ジェーンはエルメスの"代弁者"となり、バーキンもまたエルメスのアイコンとして"代弁者"になったのです。

代弁者は人でもモノでも情報でもなれる

上記を読んでお分かりの通り、ブランドにとって最も大切なのは一人の熱狂的なロイヤリティの高い顧客を見つけることです。言い換えると、最大限の心理的ベネフィットを与えて、ブランドに最高のロイヤリティを感じる信者になってもらう必要があります。

そして、そのためには最小限で最大限の効果を発揮するツールが必要です。それがさとり構文なのです。

さとり構文はマスにリーチできる構文なので、多くの人が使うことで構文そのものが代弁者として機能し、私自身のブランド価値が向上します。有名人や有名企業がさとり構文を取り入れれば、その効果はさらに向上します。

おまけ

　そして、その中から熱狂的なロイヤリティを持った顧客が生まれれば、"さとりというブランド"の価値の向上がより加速します。このような好循環が生まれることを見越して、私はブランディングの一環としてさとり構文を活用しています。

代弁者は複層的に発生する

　ここで頭の良い方は気づいたかと思いますが、代弁者の代弁者もまた存在します。ジェーン・バーキンの熱狂的なファンはジェーンを代弁し、彼女の価値を押し上げます。つまり、ブランド価値には波及効果があるのです。

　さとり構文を使うことで私のブランド価値向上の恩恵を間接的に受けることができますし、さとり構文の効果であなた自身の熱狂的なファンも見つけやすくなります。

　これが"代弁者効果の複層化"という概念です。

　私は徹底的にサステナビリティを重視しているので、私自身が死んだ後も続くブランドを構築できるよう、匿名顔出しなしでSNSをやっています。中の人が変わっても存続できる強固なブランドを作る、という実験です。

実際オフラインでも多くの人が認知

　交流会に参加すると、「さとり構文？　知ってるよ！」という人が増えてきました。実業家の方の話なので、全く違う界隈での話です。さとり構文が世に出てから、この書籍を執筆している時点でまだ３ヶ月しか経過していませんが、着実にマス層に浸透してきています。さとり構文にはそれくらいの力があるので、使いこなしてご自身の影響力の強化にお役立てください。

　目立った成果が出ている方は、随時私のＸでの引用で反応したり紹介したりしていますので、有効にご活用いただければと思います。

おまけ

さとりメソッド

　さとりメソッドは私がさとり構文に続いて開発した認知獲得のためのメソッドです。ご覧の通り、1000万インプレッション以上の認知を獲得することに成功しています。

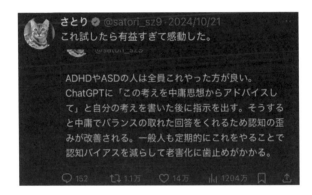

さとりメソッドとは

❶ Xでよく利用されているフォーマットを活用している

自画自賛フォーマットというものがあり、主にアイドル系のアカウントで使われているものを参考にしています。「この子かわいすぎる」みたいな、自分なのに他人のように紹介するフォーマットですね。更に、ツイッタラー界隈では逆に「こいつを晒し上げてやろう」の文脈でIDを半分だけ切り取り、内容を拡散させて叩かせるというフォーマットがあります。これと先述のフォーマットを合体させました。

❷ フォロワーの反応を活用する

言わばこれはボケなので、フォロワーが反応してくれます。フォロワーが反応してくれると、初動が伸びやすくなります。さらに、リプ欄に「紹介されているのが私であること」を他己紹介的な形で暗示させることで「あ、これはこの人の投稿なんだ」ということが分かります。

❸ スクショの内容も過去に万バズしたもの

さらにスクショの内容である投稿も過去に万バズしたものになっているので、こちらが有益だと思った人からいいねやリポストがもらえます。つまり、有益すぎるという紹介と内容が有益であることがリンクします。そして「誰なんだろう」とリプ欄を見てみて私であることが分かり、フォローするという二重三重のエンゲージメントを生み出しているのです。

❹ 自然な形で自己紹介ができる

1〜3までトータルして見てもらえれば分かるように、自然な形で自己紹介、自己ティーアップをおこなうことができています。なのでバズりやすくなり、フォローも増えやすくなるのです。

❺ アルゴリズムハックにもなっている

さらに言うと、文字を画像化することで内容がアルゴリズムに読み取られなくなり、内容にかかわらずマス層に届きやすくなります。

おまけ

すでにさまざまな界隈に広まっている

　さとりメソッドは公開後すぐにさまざまな人に使われるようになり、私が作ったメソッドだと知らずに使っている人もいるくらいです。サロンメンバーのわいずさん、こうさん、別格さんをはじめ、他にも私の預かり知らぬところでたくさんの人がさとりメソッドで膨大なインプレッションを獲得しています。

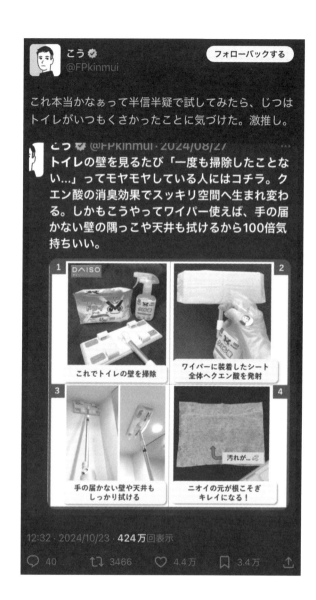

おまけ

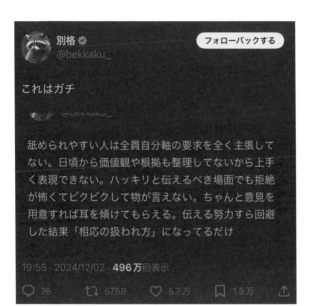

おまけ

さとりメソッドの使い方

さとりメソッドは実際にどのように使えば良いのかお話します。さとり構文で投稿したあとに、それをスクショしてさとりメソッドとしてすぐに投稿しましょう。そうすることで、さとり構文がバズらなくてもさとりメソッドがバズったり、相互補完的に作用します。

また、自分の過去投稿の中で、いいね率がインプレッションの１％を超えているものをさとりメソッドとして再利用しましょう。さとりメソッドは定期的に使い回すことができるので、一度バズったさとりメソッドは保管しておき、１〜２ヶ月に一度試すと再度バズる可能性が高いです。

さとり構文の方がリテラシーが少し高い人に届く傾向があります。さとりメソッドはさきほどの説明と被りますが、本文の文章が短く読みやすいことと、画像内の文章がアルゴリズムに読み取られないため広くマスに拡散される性質があります。

それらの違いを認識して使い分けるとよいでしょう。

173

添削の実例

　私が運営するサロン「さとりの森」では、このTips購入者様限定で月5回まで無料でさとり構文の添削サービスをおこなっています。このセクションでは、実際の添削の様子をお見せします。どのように構文をブラッシュアップすればよいのか参考にしてください。

添削依頼されたさとり構文1

プログラミングの勉強に挫折した人は全員Difyを使った方が良い。コードの知識がなくても超優良なアプリが作れるので人より10倍速く稼げるしプログラミングの理解も10倍深まる。逆にバリバリのエンジニアもDifyを使って超時短でアプリを売りまくることでこれまでの10倍稼げ10倍モテる。

私の回答

✓ **超優良なアプリ**
具体性がないので刺さりません。ぷよぷよみたいなゲームとか、チャットボットとか、具体的な何かを指し示しましょう。

✓ **人より10倍速く稼げるしプログラミングの理解も10倍深まる**
欲張り過ぎなので絞りましょう。ターゲットのインサイトの解像度が低いです。

✓ **超時短でアプリを売りまくることでこれまでの10倍稼げ10倍モテる。**
こちらも同様。

大筋は良いのですが、インサイト・ペイン・ベネフィットの理解が浅いです。改善していきましょう！

おまけ

修正後

プログラミングに挫折した人は全員Difyを使った方が良い。コードの知識がなくても簡単にチャットボットが作成できるから時間を無駄にせず成果を出せ自信もつく。バリバリのエンジニアもDifyを使うことで開発時間が劇的に短縮できるから２倍多くのアプリをリリースして収益を最大化できる。

私の回答

✓ かなり良くなりました！その感覚でやっていきましょう。

✓ 「コードの知識がなくても」は「ノーコードで」に変えても良いですね。
「時間を無駄にせず成果を出せ」は「サクッと成果が出せて」とか。

一瞬で理解できる言葉選びが重要です。
「開発時間が劇的に短縮できるから」も「秒で開発できちゃうから」とか。
「２倍多くのアプリをリリースして」も「アプリを大量にリリースして」とか。

テンポ、リズム、ユーモア、抜け感、分かりやすさを意識しましょう。

添削依頼されたさとり構文2

ググるはもう時代遅れ！今はパプる（perplexity）だよと言ってる人は、AIのスピードに乗り遅れてるから気をつけて！パプるすらもう時代遅れ。今使える検索ツールは『Felo』一択‼ Feloって何じゃ⁉って人は引用元をチェック！すごくわかりやすい記事が無料で読めますよ。

私の回答

✓ **パプる**がそもそも浸透しておらずフックにならないので不要

✓ Feloがなぜ良いのかが全く伝わらないので**ベネフィットを書く**

✓ Googleで困ってる人の**ペイン描写がない**ので刺さらない

修正後

まだグーグル検索してる人、全員「Felo」ってAI検索ツール使ってみて！Feloなら、検索結果を自動でまとめてくれて、スライド資料まで作成してくれる。調べる→まとめる→資料作成までが爆速だから、使うだけでシゴデキになれる。しかも、パワポ形式でダウンロードできるとか、やばすぎない？これはマジで試さないと損！リプ欄に3分でFeloがわかる資料あるから見てみて。

おまけ

私の回答

> ✓ かなり良くなりました。
>
> ✓ 「どこもかしこも広告がウザすぎる…」って人は全員Feloを使った方が良い。
> ペインとベネフィットとはこういうことです。説明的すぎるので説明っぽさもなくしましょう。
>
> **広告は一切ないし、その上リサーチ結果を秒でまとめてくれて超助かる。しかも結果からマインドマップやスライドも一瞬で生成してくれるしヤバすぎ。**
> みたいな

添削依頼されたさとり構文3

Youtubeを見てる人は全員GPT使うべき。AI系の動画、時間がなくて積ん読になりがち。CHATGPTに見てもらえば動画内のコマンドも拾ってくれるから効率10倍で情報収集できる。サンプルプロンプトはリプ欄。

私の回答

> ✓ 固有名詞はマスが一般的に使っている書き方や言葉を選びましょう!
>
> 例)
> CHATGPT → ChatGPT
>
> その辺の感性がさとり構文の本質なので、そこを磨けばバズるようになるかと思います。

おまけ

添削依頼されたさとり構文4

おうち英語をやってる人は全員AI家庭教師を使った方がいい。自分で教えてなくていいので子どもの間違いにイライラせず、ノンストレスで自由な時間が倍増する！すでに塾に通わせている親もAI家庭教師を使えば、子どもの学習効率が10倍上がり英語の成績UP間違いなし！気になる人は下を見てみて！

私の回答

✓ 顧客理解が浅いのと宣伝くさすぎるので、もっとカジュアルでユーモアのある表現を入れた方が良いかも。

例)
教える手間がなくなって我慢していたネイルも美容院も全部行ける！

以下の投稿の考え方を参考にするとペインを一瞬で連想できるので、覚えておくとよいでしょう。

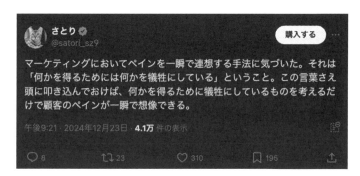

おわりに

さとり構文を実際に学んだ方から頂いた言葉。

さとり構文がきっかけで、アカウントを
ちゃんと運用しようと思いました

今まで見てばっかりだったけど
発信するきっかけになりました

今までとは別人の文章になりました

『さとり構文』を使うことで
自分の視座も上がった気がします

ポストだけじゃなくて、
プレゼン力も向上しました

複数の視点を取り入れることによって、
めちゃくちゃになっていた自分の思考が整理された

ポストが初めて万バズ超えました

月の売り上げが 1,300 万円を超えました

などの感想や、実際に使ってみた報告が送られてきています。

おかげさまで、私もようやくコツがつかめてきており

- X 70,000フォロワー
- YouTube登録者23,000人超え
- X経由のみで売上2億円
- 書籍出版決定
- 大規模生成AIイベント登壇決定
- 大手企業のAI顧問参画
- アンバサダー契約2件
- コンサルでの売上支援2.5億円
- X運用代行で1000万円
- さとり構文の流行
- コンテンツマージの提唱
- AI美女生成ビジネス界隈の創始者

などの実績を出し、やっとスタートラインに立つことができました。

　さとり構文の世界を学び、探求していただいた今、いかにこの手法が強力で効果的であるかを実感されたのではないでしょうか。短くても的確なメッセージがどれほどの影響力を持つのか、その力を最大限に引き出すための手法をこの書籍を通じて学んでいただけたことと思います。

　万バズを狙うために、さとり構文は欠かせないツールです。しかし、この構文の本当の力を引き出すには、単に表

面的な技術を習得するだけでなく、ターゲットの心理を深く理解し、的確なタイミングでメッセージを発信しなければいけません。そのため、日々のトレンドやターゲットの変化に敏感であることが必要不可欠です。

さとり構文は一度学んで終わるものではなく、常に進化し続ける技術です。新しいアイデアや表現方法を試みることが、より大きな成功につながります。この書籍がその挑戦を支え、あなたのメッセージがさらに多くの人々に届くきっかけとなれば幸いです。

さとり構文を駆使して、多くの人々の心を動かし、行動を促すメッセージを作り上げてください。そして、あなた自身の手で、次の「万バズ」を生み出す瞬間を楽しんでいただければと思います。

最後までお読みいただき、ありがとうございました。今後のあなたの成功を心より願っています。

読者様へのスペシャルプレゼント

「さとり構文」がさらにわかる、多彩な動画を
限定公開中！ぜひご覧ください！

- さとり構文動画講座
- さとりの書の切り抜き動画

コチラから
アクセス▶

さとり

2023年より生成AIインフルエンサーとして活動を開始。「人とAIの共創社会をつくる」をテーマにマス層に向けた情報発信をおこなっている。X（旧Twitter）のフォロワーが7万人、YouTubeチャンネル登録者が2.3万人。2024年6月に「さとり構文」というSNSで共感を呼んで自然と拡散される文章構成法を発明し、AI業界だけでなくSNS全体で大きな話題に。大手企業のAI顧問やAI系企業SNSの顧問としても活動している。

1秒で伝えるわざ

2025年3月3日　初版発行

著　者：**さとり**
印刷所：中央精版印刷株式会社
発　行：株式会社リミットレス
　　　　〒153-0034 東京都渋谷区代官山町20-23
　　　　フォレストゲート代官山メイン棟3階
発　売：株式会社ビーパブリッシング
　　　　〒154-0005 東京都世田谷区三宿2-17-12
　　　　Tel：080-8120-3434

@Satori 2025　Printed in Japan
ISBN 978-4-910837-77-2 C2036

※乱丁、落丁本はお取り替えいたしますので、お手数ですが発行元まで着払いにてご送付ください。
※本書の内容の一部または全部を無断で複製、転載することを禁じます。